20,-

Kohlhammer
Taschenbücher
Thema: Religion

Band 1038

Thema: Religion

Sammelwerk
für Unterricht – Studium – Erwachsenenbildung
Herausgegeben von H. Sorge und S. Vierzig

H. Sorge/S. Vierzig
Handbuch Religion I
Sekundarstufe II – Studium
Bd 1032

J. Lott
Handbuch Religion II
Erwachsenenbildung
Bd 1033

S. Vierzig
Religion in der Gesellschaft
Bd 1034

J. Heumann
Symbol – Sprache der Religion
Bd 1035

S. Vierzig
Kirche und Politik
Bd 1036

H. Kemler
Christentum – Alte Kirche und Mittelalter
Bd 1037/1

H. Kemler
Christentum – Reformation und Neuzeit
Bd 1037/2

E. Sorge
Religion und Frau
Bd 1038

S. Vierzig
Das Böse
Bd 1040

Elga Sorge

Religion und Frau

Weibliche Spiritualität im Christentum

Verlag W. Kohlhammer
Stuttgart Berlin Köln Mainz

CIP-Kurztitelaufnahme der Deutschen Bibliothek

Sorge, Elga:
Religion und Frau: weibl. Spiritualität im Christentum / Elga Sorge. – Stuttgart; Berlin; Köln; Mainz: Kohlhammer 1985.
(Kohlhammer-Taschenbücher; Bd. 1038: Thema Religion)
ISBN 3-17-005201-2
NE: GT

Stuttgart Berlin Köln Mainz
Verlagsort: Stuttgart
Umschlag: hace
Gesamtherstellung:
W. Kohlhammer Druckerei GmbH + Co. Stuttgart
Printed in Germany

Inhalt

Vorwort

»Warum haben die Euch Frauen auch bloß Theo-logie studieren lassen«, sagte Reinhard Welteke (Kassel) zu mir, nachdem ich ihm klargemacht hatte, was patriarchales Christentum ist, »die hätten sich doch denken können, daß ihr das alles merken würdet!«
Mein eigener Merk-Prozeß war so umwerfend, daß ich zusammenbrach, immer neue Lernprozesse durchlebte, und erst fünf Jahre später als geplant den vorliegenden Band herausbringe. Allen, die mich in der Krisenzeit nicht im Stich ließen und allen, die meinen Merk-Prozeß begleiteten, sage ich von Herzen Dank.
»Wir können unsere Liebesfähigkeit stärken, die uns zu unpolemischer Patriarchatskritik [...] ermutigt«, schreibe ich im IV. Kapitel, nachdem ich in den drei vorhergehenden versucht habe, die herrschenden Theo-logien in ihren Fundamenten zu kritisieren. Dies veranlaßte einen meiner wohlgesonnenen Kritiker zu der Randbemerkung: »Meinen Sie das wirklich??« Ja, möchte ich hiermit kundtun, dies meine ich, auch, wenn es mir nicht immer gelungen sein sollte, wirklich.
Für solche und andere Anfragen und unterstützende Kritik danke ich vor allem meinen Studentinnen und Studenten, insbesondere Barbara Wolff (Stötzer), Elke Bockhorst, Doris Möbus und Renate Thöle und nicht zuletzt Angela Kirchhof, die mein Gestrüpp-Manuskript in bewundernswert klare Schriftbilder verwandelte, Esther Fischer-Homberger (Bern), Siegfried Vierzig (Oldenburg), Horst Heinemann (Kassel/Oldenburg) und Yorick Spiegel (Frankfurt). Mein besonderer Dank für seelische und geistige Anregungen gilt Ingrid Riedel (Konstanz), Hildegund Wöller (Stuttgart), Heide Göttner-Abendroth (München), Sibylle Scheßwendter (Kassel), Catharina Halkes (Nijmegen) und Elisabeth Moltmann-Wendel (Tübingen).
Da meine Ausführungen trotz allem nicht »vollkommen« und fragmentarisch sind (was nur an mir liegen kann), wünsche ich, die Leserinnen und Leser möchten überall da selber weiterdenken, -spinnen und -spiralen, wo ihnen etwas fehlt.
Und schließlich: Da mit dem Thema »Religion und Frau« in vieler Hinsicht Neuland betreten wird, weicht der vorliegende Band notwendigerweise in seiner Struktur etwas von den anderen Themenbänden der Reihe »Thema Religion« ab.

Kassel, im Mai 1984 *Elga Sorge*

Einleitung

Die Zeit scheint reif für Fragestellungen, die jahrtausendelang tabu waren und weder heimlich gedacht, aber noch weniger offen diskutiert werden konnten.
Warum haben z. B. Juden- und Christentum so erschreckend frauen-, leib- und erosfeindliche Züge? Gab es überhaupt jemals eine frauenliebende Religion? Warum wird Gott im Juden- und Christentum exklusiv von Männergestalten symbolisiert? Nur Gott, der Herr, sein Sohn Jesus und der Heilige Geist, der den Sohn zeugte, bilden im Christentum die heilige männliche Trias, der die Gottesgebärerin Maria untergeordnet ist. Entsprechend sind alle Eigenschaften und Handlungen dieses Gottes ausgesprochen einseitig an männlichen Erfahrungen und Vorstellungen orientiert. Doch ist die Gottheit wirklich nichts als HERR, HERR-scher, Vater, Sohn, König und Bräutigam, kreuzigender und gekreuzigter, allmächtiger und ohnmächtiger Gott?
Es wird auch gefragt, welche Wirkungen dieses männliche Gottesbild in Vergangenheit und Gegenwart auf das Bewußtsein von Frauen und Männern ausgeübt hat, welche gesellschaftlichen Verhältnisse und Kultur-Muster sich in ihm spiegeln oder umgekehrt durch dieses Gottesbild legitimiert werden. Daran knüpft sich die Frage, ob die religiöse Verehrung männlich-göttlichen HERR- und (Gottes-) KNECHT-Seins historisch nicht überholt und auch grundsätzlich eher sinnlos ist. Es stellt sich die weitergehende Frage, warum Juden und Christen keine weibliche Muttergöttin neben oder über dem Vatergott verehren (Maria steht nicht auf derselben Ebene wie die Männer-Trinität), warum die Tochter und die weise alte Frau (»Geistin«, Weisheit) überhaupt nicht als Symbole für das Göttliche erscheinen und warum es keine Heilige Mutter über oder wenigstens neben dem Heiligen Vater in Rom gibt und Frauen in allen kirchlichen Ämtern.
Und wieso werden weibliche Handlungen wie Empfangen, Gebären, Schwangersein und Nähren und kreatürliche Leiblichkeit überhaupt so abgewertet, daß z. B. das Gebären zum Gebärzwang und als Strafe Gottes für die Sünde des Menschen mißverstanden werden konnte (1. Mose 3,16)? Warum gilt der erotisch-lustvolle Akt des Empfangens und Gebärens nicht als unmittelbares Mitwirken an der göttlichen Schöpfung? Und wie konnte es so weit kommen, daß öffentlich diskutiert wird, ob die Geburt eine »Schweinerei« sei? Diese befremdliche Frage wurde Weihnachten

1983 von Dagobert Lindlau in der seriösen Zeitschrift DIE ZEIT gestellt[1], wo es darum ging, warum aus Anlaß der Geburt Christi keine Geburt im Fernsehen gezeigt werden durfte. Sind die natürlichen lebenspendenden Körperfunktionen der Frau (Menstruation, Schwangerschaft, Geburt und Wochenbett) »unrein«, d.h. eine ansteckende Krankheit, wie das Judentum jahrtausendelang lehrte (die orthodoxen Juden sogar bis auf den heutigen Tag)? Ist Frausein an sich eine Krankheit? Esther Fischer-Homberger beschreibt diese erschütternde Männer-Phantasie aus medizinhistorischer Sicht[2].

Von solchen und anderen provokativen Anfragen blieben Theologie und Kirche nicht unberührt. Eine Theologie, die Frauen neuerdings selber entfalten, nämlich die Feministische Theologie, hat nicht mehr umkehrbare, irreversible Erkenntnis- und Bewußtseinsprozesse in Bewegung gesetzt – und diese Bewegung geht weiter. Sie ist getragen von einer Patriarchatskritik am Juden- und Christentum, die den Rahmen herkömmlicher Religionskritik überschreitet. Denn sie rüttelt an einer der Säulen abendländisch-christlicher Denk-, Glaubens- und Lebensformen, indem sie an die Wurzel gehend das herr-schende sexistische* Selbstverständnis, auch in Religion und Theologie, in seiner lebensfeindlichen Tendenz sichtbar macht. Daher geht es Feministischer Theologie nicht nur um neue wissenschaftliche Erkenntnisse, die im Rahmen akademisch anerkannter Wissenschaftsstile gewonnen werden, sondern auch um patriarchatsüberwindende Wissenschaftsmethoden und Erkenntnisprozesse.

Doch was heißt eigentlich patriarchal? Was will feministische Theologie anderes als andere Theologien? Was unterscheidet matriarchale Spiritualität von patriarchaler? Und welche Rolle spielt weibliche Spiritualität im Christentum? Auf solche und andere Fragen will der vorliegende Band eingehen, und zwar mit Bezug zu den drängenden Problemen um Frieden und Ökologie. Denn nicht zuletzt die drohende Vernichtung unseres Planeten hat ein neues Bewußtsein davon entstehen lassen, wie untrennbar Frauen und Männer miteinander, mit ihrer Lebenswelt, mit der

---

* Sexismus bedeutet die tiefverwurzelte Dominanz des männlichen Genus (Geschlechts) in Sprach-, Denk- und Lebensformen (vgl. dazu Senta Trömmel-Plötz, Frauensprache – Sprache der Veränderung, 1982). Ich versuche in dieser Darstellung wenigstens ansatzweise eine nichtsexistische Sprache zu schreiben. Dabei das weibliche Genus voranzustellen, erscheint mir erforderlich.

inneren und äußeren Natur, mit Erde und Kosmos verbunden sind. Die drohende Erschöpfung der Rohstoffquellen, andauernde Welthungersnöte und Kriege, der Aufrüstungswahnsinn in Ost und West usw. haben zu intensivem Nachdenken über die Ursachen dieser Erscheinungen angeregt. Viele Frauen (und auch Männer) sehen eine, wenn nicht gar *die* entscheidende Ursache dieser Entgleisungen im weltweiten Patriarchat und der damit verbundenen ubiquitären (all überall vorfindlichen) Frauenunterdrückung und Vernichtung weiblicher Werte. Mary Daly kennzeichnet den Zusammenhang zwischen Frauenunterdrückung und Umweltproblemen mit dem Begriff »Gyn/Ökologie« (1982) (von griechisch gynä, die Frau und in Analogie zu Gyn-äkologie). Mary Radford-Ruether spricht vom écoféminisme (1979), Françoise d'Eaubonne schließlich beschreibt die Alternative »Feminismus oder Tod« (1980). Doch auch Männer wie Fritjof Capra (Wendezeit, 1983), Horst Eberhard Richter (Gotteskomplex, 1980), Ernest Bornemann (Das Patriarchat, 1980), Ivan Illich (Genus, 1983) und kürzlich sogar der CDU-Politiker Franz Alt (Frieden ist möglich, 1983) haben sich mit geradezu atemberaubender Geschwindigkeit feministisches Gedankengut zu eigen gemacht.

Die Gründe für die große Beachtung, die feministische Erkenntnisse finden, sind evident, sie liegen gleichsam in der Luft, auf der Hand und auf der Straße; denn sie speisen sich aus sinnlich-bedrohlichen alltäglichen Erfahrungen. Sterbende Bäume, verpestete Luft, tote Nahrungsmittel, die keine Lebens-Mittel mehr sind, Ver-Betonierung des Erd-Bodens, gestörte Beziehungen des Menschen zu sich selbst und zur Natur, haben weltweite ökologische Entgleisungen zu hautnahen Bedrängnissen werden lassen. Die einst vieldiskutierte Frage, ob erst die und der einzelne sich ändern müsse und dann die gesellschaftlichen Verhältnisse oder umgekehrt, ist überholt. Das vermeintlich autonome Individuum ist nämlich gegenwärtig gezwungen einzusehen, daß es mehr und andere Zusammenhänge gibt, als seiner traditionellen (patriarchalen) Idee von Autonomie im Sinne einer abgehobenen Selbst-Gesetzgebung in fiktiver Freiheit von der Natur zuträglich ist.[3]

Das Individuum ist ein Teil der Erde und des Kosmos, die eher als eine Art lebendiges Lebewesen denn als eine Maschine zu verstehen sind, weil alles aufeinander bezogen ist, wie Fritjof Capra anschaulich darlegt.[4] Dieses Aufeinanderbezogensein kann nur um den Preis der SELBST- und Naturzerstörung geleugnet und mißachtet werden. Denn was immer einzelne ihrer Umwelt an Schaden zufügen, den Tieren und Pflanzen, der Luft und dem Wasser, dem Boden und den Bäumen, tun sie auch sich selber an. Was Männer

Frauen antun und Herr-scher den Be-herrschten, verletzt und beschädigt zugleich die Seelen der Herrschenden und umgekehrt. Diese schlichte, aber für Anhänger der Idee einer scheinbar unbegrenzten Beherr-schbarkeit der Natur und des eigenen Selbst bestürzende Wahrheit zu erkennen, ist unumgänglich geworden. Wahrlich, möchte ich in Abwandlung eines berühmten Brecht-Zitats sagen, wir leben in Zeiten, wo *kein* Gespräch über Bäume (Frauen und Weiblichkeit) schon fast ein Verbrechen ist.

So gibt es denn ein bis dahin unbekanntes Interesse für weibliche Werte, Weisheit, Kultur-, Lebens- und Religionsformen, das seinen Höhepunkt noch keineswegs erreicht hat. Wenn nämlich nachgewiesen werden kann, und es spricht alles dafür, daß die weltweite Unterdrückung der Frau und einer von ihr inspirierten Kultur eine der entscheidenden Ursachen dafür ist, daß wir kurz vor der Zerstörung unseres Planeten stehen, dann ist die Befrciung der Frau aus patriarchalen Unterdrückungszusammenhängen (und natürlich auch des Mannes) ein kulturrevolutionäres Ereignis, weil es phallokratische (d.h. an die berechtigte Vorherr-schaft des mit einem Phallus ausgestatteten Mannes glaubende) Männer auf die Idee bringen würde, die Erde in allen Dimensionen zu lieben anstatt sie zu be-herr-schen, zu zerstören und zu vernichten. Diese traditionelle Vorstellung vom autonomen Individuum erscheint aus feministischer Sicht fragwürdig, weil in diesem Begriff die Idee der SELBST-Verwirklichung und gewaltförmiger ICH-Durchsetzung verfilzt ineinanderliegen. Doch das patriarchale Ego, das in einer Gewaltkultur lebende Menschen entwickeln, weil dies überlebenswichtig erscheint, ist zu unterscheiden vom weiblichen und männlichen liebesfähigen SELBST[5], das auf Verwirklichung in erotischer Verbundenheit mit allem aus ist und das keine »Autonomie« anstrebt, die durch gewaltsame Trennungen und Abspaltungen zustande kommt.

Wer sich mit feministischer Theologie in diesem Problemhorizont befaßt, will also nicht nur und nicht einmal in erster Linie Kritik üben. Sie will vor allem Neuland entdecken und Zusammenhänge und Verbindungen wiederfinden, die sinnlos zerstört wurden. Was wir üblicherweise als feindlich-dualistische Gegensätze begreifen, was wir gegeneinander abgrenzen, was aber untrennbar zusammengehört, sind z.B. Frau und Mann, Natur und Geist, innen und außen, oben und unten, hell und dunkel, gut und böse, Reich der Himmel und Reich der Welt, Göttin und Gott, Liebe und Eros. Wenn Eros die Versöhnung, Vereinigung und ständige Umwandlung (Transformation) von natürlichen Polaritäten, aber auch von dualistischen Spaltungen und feindlichen Gegensätzen meint, die in der Tiefe eins sind, dann ist Feministische Theologie eine eminent *erotische Theologie*.

In diesen Rahmen möchte ich mein erotisch-theologisches Nachdenken über »Theo-logie und Frau«, über die Gottesfrage, weibliche Spiritualität und den »Fall Eva« bzw. eine Versöhnung von Eva und Maria stellen, dieses mit Ideal- und Schreckbildern beladene weibliche Leitbild der abendländisch-christlichen Kultur. Daß es sich bei EVA und MARIA historisch, psychologisch und theologisch gesehen nur um verschiedene Aspekte *eines* gespaltenen Frauenbildes handelt, ist eine meiner Thesen, die ich noch erläutern werde.

Ich berühre also folgende Problemkreise:

- Was bedeutet die Wiederentdeckung matriarchaler Weiblichkeit und Spiritualität für das männliche Gottesbild und für die christliche Theologie? (Theologischer Aspekt)
- Welche Rolle spielt das Gottes- bzw- Menschenbild bei der religiösen Identitätsfindung von Frauen und Männern? (Existentiell-religiöser und sozialpsychologischer Aspekt).
- Welche matriarchalen und leben-liebenden (biophilen) Inhalte tradiert die christliche Religion und was ist eigentlich das Patriarchale an christlicher Spiritualität? (Historischer Aspekt).
- Welche Impulse zur Erneuerung, welche Hoffnungen und Visionen stecken in den matriarchalen Seiten des Christentums, die über den status quo einer mit sinnlosem Leiden, mit Gewalt und Unterwerfung gekoppelten »Liebe« und eines ängstlich rückwärtsgewandten Glaubens hinausführen? (Realutopischer Aspekt).

Die feministische Frage nach der Befreiung der Frau (und des Mannes) aus patriarchaler Unterdrückung steht also in dem größeren Zusammenhang der Frage möglicher Überwindung und Umwandlung vorhandener pessimistischer, patriarchaler Glaubenssysteme und eines Bewußtseins, das mehr an Tod, Leid, Unterwerfung, Angst, Verachtung und Rechtfertigung orientiert ist, als an Leben, Liebe, Freiheit, Freude, Sorgen, Vergebung und Gnade für Gerechte und Ungerechte. Die Suche nach einer eindeutig erosbejahenden, leben- und frauen-liebenden Spiritualität halte ich überdies für ein Politikum erster Ordnung in einer Kultur, die Tod und Leiden abspaltet und verdrängt, und die sich eben deswegen gleichsam schwarz-magisch auf Todesängste und Leiden fixiert. Eine solche Suche könnte dann einmünden ins Erlebnis unverdächtiger Freude, Sinnlichkeit und Erotik, als unmittelbarer Ausdruck einer Spiritualität, die unsere Seelen nährt, heilt und erlöst, also in wirkungsvolle Seel-Sorge.

Ich werde meine Darstellung so aufbauen, daß ich zunächst die Frage nach Theo-logie und Frau aus der Sicht Feministischer Theologie stelle (Kap. I), dann die Gottesfrage und das Problem weiblich-männlich bedenke (Kap. II). Es folgt die Annäherung an so etwas wie Frauen-Religion und weibliche Spiritualität (Kap. III) und schließlich wende ich die theoretischen Einsichten auf den Mythos vom Sündenfall an (Kap. IV). In Kap. V folgt eine thematische Konkretion für Studium und Unterricht:

Der »Sündenfall« als Liebes-Fall

Wie dieser Überblick zeigt, riskiert die Leserin und der Leser des vorliegenden Bandes, mit mehr Fragen als Antworten in Berührung zu kommen. Doch warum tun wir nur immer so, möchte ich mit Bert Brecht fragen, als ob wir auf alle Fragen eine Antwort hätten, statt uns darüber zu freuen, offen zugeben zu können, daß uns viele Fragen ganz und gar ungelöst erscheinen, weil uns dies nämlich in der dynamischen Bewegung des Fragens hält anstatt uns mit scheinbar festgefügten Wahrheiten zu beruhigen und in ihnen erstarren zu lassen?

Bei allen Fragen, die der vorliegende Band aufwirft, müßte ich natürlich jeweils anmerken: »Im Rahmen dieser Darstellung ist es leider nicht möglich, alle Seiten des Problems [...] erschöpfend zu [...]«. Ich stelle diese Bemerkung hier voran und wiederhole sie nicht, um Leserinnen und Leser nicht unnötig zu langweilen.

Lehrende an Schulen, Universitäten und in der Erwachsenenbildung möchte ich darauf hinweisen, daß erfahrungsgemäß (aber natürlich können Ausnahmen diese Regel nur bestätigen) alle hier angesprochenen thematischen Aspekte nur in zwei bis drei Halbjahreskursen bzw. Semestern bearbeitet werden können. Dies sollte niemandin und niemanden daran hindern, das Thema »Religion und Frau« in Auszügen zu behandeln bzw. einzelne Elemente und Aspekte der Gesamtthematik herauszunehmen und gesondert oder im Zusammenhang mit anderen Kurs- bzw. Seminarthemen zu bearbeiten – wie z. B. »Gottesfrage«, »Frieden«, »Liebe«, »Zukunft«, »Religionskritik« u. a. m.

Feministische Theo-logie – eine (frauen-)befreiende Denkbewegung für Frauen und Männer

1. Vorbemerkung zum weiblichen Selbstverständnis in der ersten Evangelischen Frauenbewegung

Drei Begebenheiten aus der protestantischen Kirche und einen Limerick und ein Gedicht von Elisabeth Burmeister zum Problem Frau in der katholischen Kirche stelle ich als »Schlaglicht« voran.

In einer süddeutschen Kirche wurde ein Erlaß über den Bruderkuß herausgegeben, der regeln sollte, wann, wohin und unter welchen Bedingungen ein Bruder einem anderen einen Bruderkuß geben dürfe bzw. solle. Eine Anmerkung zum Begriff Bruder gab folgende Erläuterung: »Die Schwestern sind Brüder im Sinne des Erlasses!«
So ähnlich dachte wohl auch ein bekannter Landesbischof, der seine Rede mit den Worten »Liebe Brüder« begonnen hatte. Als man ihn darauf hinwies, daß auch Frauen anwesend seien, korrigierte er sich und begann noch einmal: »Liebe Brüder und ..ehem.., liebe weibliche Brüder!«
Eine Landespfarrerin für Frauenarbeit erzählte mir, als sie vor dreißig Jahren zum ersten Mal mit »Bruder Meier« angeredet worden sei, habe sie sich als einzige Frau unter Männern restlos glücklich gefühlt, weil sie so voll anerkannt wurde.

Limerick

Es war jüngst in Bayern
da gab's Grund zu feiern:
eine Frau vorm Altar!
Das war wirklich wahr.
Die durfte dort putzen und schayern.

Maria[1]

Maria/du bist meine Mutter nicht/
wird Zeit/daß die Leute es wissen

meiner Mutter Gestalt/meiner Mutter Gesicht
hat Gottes-Urteil und Gottes-Gericht
verwüstet/geschunden/zerrissen/
mit der glühenden Zange gebissen

meiner Mutter Gesicht/meiner Mutter Gestalt
ist geschändet/geblendet/entstellt von Gewalt/
wie die Erde geworden/
so elend/so alt/
so bitter/so böse/
so hart/so kalt/
– und ihr habt sie auf dem Gewissen!

Maria/behalte dein glattes Gesicht/
die falsche Demut/den falschen Verzicht/
den falschen Gehorsam/die falsche Pflicht/
die falsche Geduld bis zum Jüngsten Gericht/
ich will sie nicht/hörst du/ich will sie nicht!

behalt' sie/
laß sie dir lohnen
vom Gott/
der straft und belohnt:

ich will in der Finsternis wohnen/
wo meine Mutter wohnt

Die Pointe dieser Geschichten und Gedichte deutet das tieferliegende Problem an. Frauen leiden in der protestantischen Kirche vor allem an ihrer offiziell unbemerkten Unterordnung unter einseitig männliche Werte und Rollenvorstellungen, obwohl bzw. gerade weil sie genau wie die Männer Pfarrer werden dürfen, was indes nicht bedeutet, daß sie in höheren kirchlichen und akademischen Positionen angemessen repräsentiert wären.
In der katholischen Kirche dürfen sich Frauen wie in der protestantischen mit den Idealvorstellungen von Männern über dienende, sich aufopfernde fromme Frauen identifizieren. Doch stellt sich die Frauenfrage hier anders und radikaler, weil Frauen zwar einerseits eine weibliche Maria verehren (nicht: anbeten!) dürfen, ihnen aber andererseits grundsätzlich der Zugang zum Priesteramt versperrt ist.[2] Erst, wenn Frauen anfangen, ihr eigenes SELBST zu entdecken und ihre persönliche, real gelebte Gottesbeziehung aus der Sicht von Frauen zu überdenken, fühlen sie sich nicht mehr nur geschmeichelt, wenn sie als Bruder, Mensch und »er« angeredet werden, sondern auch vereinnahmt, verkannt und in den Schatten der Männer verwiesen. Am Patriarchat leidende Frauen suchen nach einer anderen weiblichen Identität und Spiritualität, verlangen nach einer Religion, die so frauenliebend ist, auch von Frauen entworfene Verhaltens- und Handlungsmodelle erwünscht zu finden und sehen ihr Heil zunehmend nicht mehr darin, genau wie

die Männer werden zu dürfen bzw. so, wie es christlich-patriarchalen »Männer-Phantasien«[3] entspricht.

Die patriarchatskritische christliche Frauenbewegung ist ein Novum für den Protestantismus wie für den Katholizismus, neu allerdings nicht in dem Sinne, daß es zuvor überhaupt keine religiösen Frauenbewegungen gegeben hätte – das Christentum selbst ist schließlich von seinem Ursprung her eine frauenbewegte Religion.[4] In wichtigen Punkten stimmt die aktuelle christliche Frauenbewegung mit der Frauenbewegung um Jesus und in den frühen nachchristlichen, besonders den gnostisch-christlichen Gemeinden, überein.[5] Aber in entscheidenden Aspekten nicht mit der ersten evangelischen Frauenbewegung zu Beginn unseres Jahrhunderts, die reibungs- und lückenlos mit männlich-patriarchalen Christentumsideen konform ging und christliche Freiheit so verstand, daß die Unterordnung der Frau unter den Mann, nationalistische Männer-herr-schaft und sogar der Krieg bejaht werden konnten.[6] Paula Müller-Otfried, die Gründerin des Deutsch-Evangelischen Frauenbundes, wollte als Kandidatin der Deutsch-Nationalen Volkspartei zwar die sittliche Erneuerung des Volkes, wehrte sich aber gegen die bürgerliche und sozialistische Frauenbewegung, die z.B. den §218 streichen wollten.[7] Der 1899 gegründete Deutsch-Evangelische Frauenbund, der bereits 1923 über 160000 Mitglieder hatte, verbreitete in seinem Publikationsorgan »Evangelische Frauenzeitung« Theologie für die Praxis von Frauen. Eine Lektüre dieser Zeitschrift ist auch für heutige Christinnen lohnend, wie eine Studentin von mir feststellte[8], weil hier auch heute noch lebendige Mißverständnisse extrem deutlich werden.

Die Frauen der ersten Frauenbewegung vertraten z.B. die These, gerade das Christentum verhelfe beiden Geschlechtern zu ihrem gottgewollten Sein, denn, wie Müller-Otfried formuliert:

> »[...] es hilft dem Manne aus dem Dualismus seines Seins zur Einheit. Es gibt der Frau die Stillegung ihres Zentrums und damit die innere Geschlossenheit ihres Seins. So hilft das Christentum beiden Geschlechtern, ihrer selbst mächtig zu werden. ... Der seiner selbst mächtig gewordene Mann braucht nicht mehr äußerlich nach Herrschaft über die Frau zu streben, er wird durch sein Sein der Führende. Die Entfaltung seiner männlichen Anlagen gibt ihm von selbst im äußeren Leben, im Volk, in Kirche und Familie die führende und schützende Stellung. Die Frau, die im Christentum die Stillegung des Schwerpunkts ihrer Seele gefunden hat, verliert sich nicht mehr an den Mann, sondern bleibt sich ihres Eigenwertes in der Hingabe an den Mann bewußt. Die Entwicklung ihrer tiefsten Anlagen faßt sich in ihrer Mütterlichkeit zusammen. Führung und Mütterlichkeit sind nach christlichem Ideal die Hauptfunktionen der Geschlechter für die Menschheit.«[9]

Beim ersten Lesen mag die eine oder andere diesen Thesen zustimmen wollen; denn geht es nicht tatsächlich darum, eine selbständige Identität von Frau und Mann zu entwickeln, so daß die Frau sich nicht mehr an den Mann verliert und er nicht mehr über sie herr-schen muß? Doch beim genaueren Hinsehen enthüllt sich die unterstellte Selbständigkeit der Geschlechter als Fiktion. Denn ihr liegt die Mutterschafts- und Führer-Ideologie zugrunde, derzufolge Frauen ihren Lebenssinn in der Mutterschaft finden und Männer im Herr-Sein.

Sie wird selig durch Kindergebären (1. Tim. 2,15) und soll nach ihrem Mann verlangen (1. Mose 3,16), *er* hingegen soll ihr Herr sein (1. Mose 3,16) bzw. ihr Haupt (1. Kor. 11,3), und während er der Abglanz Gottes ist, ist sie nur der Abglanz des Mannes (1. Kor. 11,7).

Der Mann überwindet, im Sinne Müller-Otfrieds gedacht, die Gespaltenheit seines Wesens und entfaltet seine tiefsten Anlagen, wenn er die Führung in Ehe, Familie, Kirche, Gesellschaft usw. übernimmt. Frauen dagegen entfalten ihr Wesen vor allem, indem sie ihr lebendiges Zentrum und den Schwerpunkt ihrer Seele stillegen (lassen). So weiht das Christentum stoisch-heroische Selbstverleugnung, Erstarrung in traditionellen Geschlechterrollen und männliche Führer- und Herr-schaft mit religiösem Tiefsinn. Bei »weltlichen« Feministinnen rief und ruft dieses Verständnis von Freiheit und Selbstverwirklichung verständlicherweise Entsetzen hervor. Denn wie soll frau sich die innere Dynamik einer durch das Christentum zur Freiheit gelangten Frau im Sinne Müller-Otfrieds anders vorstellen als im Bild des Schneewittchen, das still in seinem gläsernen Sarg liegt und einen Erlöser braucht, um aus ihrer totenähnlichen Erstarrung zu erwachen? Nur daß im Fall der christlichen Frau diese Erlösung nicht einmal nötig erscheint, weil die Frau von sich aus so stillgelegt bleiben möchte.

Es ist evident, daß der Mann nicht mehr nach äußerer Herr-schaft über eine solche Frau streben muß; denn das kann er gar nicht. Wie sollte er auch eine Frau be-herr-schen, die nichts anderes wünscht, als beherrscht zu werden? Und die den Zustand des ihm Unterworfenseins bzw. von ihm Geführtwerdens als gottgewollten, also unveränderbar ewigen betrachtet?

Die große »Hingabe«-willigkeit der evangelischen Frauen unter den herrschenden Mann, die bis heute die Ideologie der Geschlechter prägt, darf gewiß nicht einfach als naiv abgetan werden. Was frauenbewegte Christinnen heute klarer erkennen können als ihre Schwestern zu Beginn des Jahrhunderts, ist, daß eben dieser edle »Hingabe«-Wille Männer-Herr-schaft, Nationalismus und Krieg

förderte und so die Chance, weibliche Selbstverwirklichung und die Entfaltung einer friedlichen Kultur und Gesellschaft voranzutreiben, verfehlt wurden.
Die »weltliche« Pazifistin Lida Gustava Heymann, ebenfalls Anfang dieses Jahrhunderts, sieht dieses Problem so:

»Das männliche Prinzip ist zersetzend und wird, wenn fortgeführt, die völlige Vernichtung der Menschheit herbeiführen. Diesem zerstörenden Prinzip ist das weibliche *aufbauende Prinzip der gegenseitigen Hilfe, der Güte, des Verstehens und Entgegenkommens* diametral entgegengesetzt. ... Die Frau als Masse wurde nicht nur äußerlich, nein, was viel schlimmer ist, innerlich Sklave des Mannes. Eine derartige Versklavung – d. h. Wesensversklavung – wie die des Weibes durch den Mann [...] geschah mit raffiniertesten Mitteln, wurde durch Jahrhunderte mit nie versagender Konsequenz durchgeführt. [...] Der Mann trägt die Schuld, daß des Weibes Wesen und Art nicht zur Auswirkung kam und dem Pazifismus in der Vergangenheit verlorenging.«[9a]

Und Claire Goll beschreibt in poetischer Verdichtung den Konflikt einer Frau, die ihrem Mann, einem Kriegshelden, wiederbegegnet, und läßt sie sagen:

»[...] so empfinde ich jeden unserer Siege als Niederlage; denn sie beweisen (nur), daß wir besser morden können [...] Warum müssen sich Menschen vor Menschen schützen durch Mord? Als ob wahres Heldentum in brutaler Stärke und numerischer Überlegenheit, und nicht einzig in der Liebe bestünde!«[10]

Frauen der gegenwärtigen Frauenbewegung, zunehmend auch solche, die die Kirche nicht verlassen, sondern so umwandeln wollen, daß sie endlich die von ihr seit 2000 Jahren verkündigte Liebe auch verwirklicht, begeben sich auf neue Wege und suchen nach unkriegerischen, gewaltlosen Formen von Spiritualität. Denn sie haben eingesehen, daß die von Männern beherrschte christliche Kirche zwar auch den Frauen Befreiung, Erlösung und Liebe verkündigt, aber durch die Beibehaltung des patriarchalen Prinzips praktisch keinen Raum zur Verwirklichung eröffnet, daß sie das Neue Sein in Christus zwar beschwört, aber kaum erlebbar macht, vom Brot des Lebens wohl predigt, aber es nur spärlich austeilt. Wäre dies anders, stünden die Menschen gewiß Schlange vor unseren Kirchen, um teilhaben zu können an ihren lebenspendenden Kostbarkeiten.
Wie dem auch sei (die Probleme der Volkskirche sind vielfältig bedingt und nicht leicht zu lösen), Feministische Theologinnen haben erkannt, daß Emanzipation und Erlösung der Frauen anders und konkreter vor sich geht als Männer behaupten, daß auch die

biblische Überlieferung für sie etwas anderes bedeuten kann und muß als für jene, und daß traditionelle Tugenden wie Schweigen, Selbstaufgabe, -verachtung und -haß niemandin helfen, ihre religiöse Identität zu finden – natürlich auch den Männern nicht.
Einen Ausspruch von Christa Wolf, der meiner Meinung nach recht gut zum Ausdruck bringt, worum es feministisch bewußt gewordenen Frauen geht, möchte ich hier auf die Theologie angewendet zitieren:

»Inwieweit gibt es wirklich ›weibliches‹ Theologisieren? Insoweit Frauen aus historischen und biologischen Gründen eine andere Wirklichkeit erleben als Männer [...] Insoweit sie, schreibend und lebend auf Autonomie aus sind.«[11]

Und frei nach Christa Wolf möchte ich, indem ich ihren Begriff Poetik durch Theologie ersetze, weiter sagen:

»Es gibt keine Theologie und es kann keine geben, die zuläßt, daß die lebendige Erfahrung ungezählter Subjekte in theologumena (festen Lehrsätzen der Theologie) ertötet und begraben wird. Denn diese theologischen Sätze sind ja vielleicht auch nur Produkte der Entfremdung innerhalb einer Kultur, deren andere perfekte Produkte zum Zweck der Selbstvernichtung produziert werden.«[12]

Feministische Theologie stellt also ungewöhnliche Fragen und möchte Mut machen, das eigene Erleben, persönliche Erfahrungen, Ideen, Einfälle, Seelen-Bilder, Phantasievorstellungen etc. genauso ernst zu nehmen wie »wissenschaftliche beweisbare« Theologien. Daher möchte auch ich hier von einer persönlichen Erfahrung erzählen.

2. Eine Erfahrung mit patriarchaler Religion: die Thoraschule in Jerusalem

Im Winter 1983 hielt ich mich anläßlich einer Studienreise der Bundeszentrale für Politische Bildung (Bonn) im »Vaterland des Patriarchats« und im »Mutterland der matriarchalen Göttin«, nämlich im Heiligen Lande Israel auf.
Eine der vielen eindrucksvollen Begegnungen dieser Reise war der Besuch einer Thoraschule in Jerusalem im Stadtviertel der orthodoxen Juden »Mea-Shearim«. Unsere Kleingruppe von sechs Frauen und zwei Männern wurde von einem jungen Rabbi empfangen, der nur zweimal mit Händeschütteln »Guten Tag« sagte und uns dann in eine der Schulklassen führte. Nachdem wir uns in die engen Schulbänke gezwängt hatten, fragte er: »Haben die

Herren irgendwelche Fragen?« Da wurde mir klar, daß dieser Rabbi mit voller Absicht nur die beiden Männer unserer Gruppe begrüßt und angeredet hatte. Die sechs Frauen waren Luft für ihn, einfach: nichtexistent.

Ich weiß nicht, ob es nicht auch der furchtbare Gestank des Salmiakgeistes war, mit dem der Klassenraum soeben gereinigt worden war, oder nur meine mühsam unterdrückten Aggressionen – mir wurde jedenfalls so schlecht, daß ich mich nicht wehren, nichts mehr sagen oder fragen konnte und über eine Stunde schweigend diesem Rabbi zuhörte. Die anderen Frauen und Männer unserer Gruppe fühlten sich dabei fast genauso unwohl wie ich, wie sie mir später erzählten, obwohl sie keineswegs Feministinnen waren.

Am Ende des Besuchs, nachdem wir das öde, kasernenartige Schulgebäude besichtigt und die stets in Reih und Glied sitzenden, stehenden oder laufenden Schüler gesehen hatten (Mädchen haben »natürlich« zu dieser Schule keinen Zutritt), gab der Rabbi zum Abschied wieder zweimal den beiden Herren unserer Gruppe die Hand. In einem Anfall von Tollkühnheit streckte ich dem Rabbi daraufhin meinerseits die Hand entgegen, was ihn veranlaßte, in wilder Panik seine Hände zum Himmel zu strecken und zwar nicht »Hilfe«, aber mehrmals aufgeregt »Shalom, Shalom« zu rufen und eilends davonzulaufen.

Der Grund für das unhöfliche Verhalten dieses Rabbi ist ein tiefer; denn es geht um das Verbot, eine Frau zu berühren, weil diese ja entweder menstruieren oder schwanger sein könnte und ein Mann, der eine solche Frau berührt, *unrein* wird, d. h. sich infiziert wie bei einer ansteckenden Krankheit. Dies wird im AT vielfach belegt.[13] Die natürlichen, *lebenspendenden* Körperfunktionen der Frau gelten im 20. Jahrhundert noch immer als Krankheit – da darf frau und man schockiert sein!

Mit Lea Fleischmann[14] hatte ich in Jerusalem und Kassel Gelegenheit, mich ausführlich über die Frauenfrage im Judentum zu unterhalten und habe gern zur Kenntnis genommen, daß Lea Fleischmann glaubt, die Frauen der orthodoxen Juden seien trotzdem glücklicher als die meisten ihrer »westlich« lebenden Schwestern. Ich akzeptiere *diese* Sicht des Problems einer Insiderin, kann aber, trotz aller subtilen Frauenverachtung in der westlichen Welt nicht umhin, das Frauenleben der orthodoxen Jüdinnen als eine erschreckende Form von Frauenunterdrückung und -ausbeutung zu begreifen. Denn die Frauen der Rabbis studieren z. B. nicht die Thora. Sie haben dazu auch keine Zeit, denn während die Männer den ganzen Tag in schwarzen Gehröcken und Hüten bzw.

Käppchen, dem Symbol ihrer *Unterwerfung* (!) unter Gott, herumgehen und die Thora studieren und lehren, kümmern sich die Frauen um *alles* andere: Haushalt, Kinder *und* die Beschaffung des Lebensunterhaltes für die gesamte Familie. Die »Bereitschaft« der Frauen, diese Rolle zu übernehmen, wird u.a. dadurch sichergestellt, daß man ihnen bei der Eheschließung eine Glatze schert, die sie lebenslänglich als Zeichen ihrer Unterwerfung unter den Mann und unter Gott, den Herrn, beibehalten. Im Haus dürfen sie eine Perücke tragen, draußen nur verhüllende Kopftücher. Der Sinn dieser Zeremonien ist zu verhindern, daß Frauen irgendein Begehren bei anderen Männern – oder gar beim eigenen – hervorrufen. Der Körper der Frau dient exklusiv der Fortpflanzung, ihre gesamte Energie wird im Dienst an Mann und Kindern verbraucht. Wen wundert es da, daß fromme Juden jeden Morgen ihrem Herrn Gott dafür danken, keine Frau zu sein?[15] Die orthodoxen Juden erscheinen aus bundesrepublikanischer Sicht als eine extreme Form patriarchalen Judentums, doch in Israel nicht. Dort haben sie einen erstaunlichen Einfluß im kulturellen und politischen Leben. In der Knesseth, dem Parlament, sind sie so einflußreich wie bei uns die FDP. Und nur sie haben das Recht, Eheschließungen und Scheidungen vorzunehmen.

Israel ist ein phantastisches Land, der Idealfall patriarchaler Lebendigkeit durch andauernden potentiellen Kriegszustand, ein Land der Wechselbäder und extremen Gegensätze, wo ich viele Frauen und Männer traf, die ich lieben und schätzen lernte. Doch was ich hier insgesamt an patriarchalen Überzeugungen und Lebens-Praxen kennenlernte, überstieg bei weitem das, was ich mir vorher vorstellen konnte.

Die außerordentlich liebenswürdigen deutschen Juden in Haifa, die mich zu einem Vortrag über »Eros und Frieden« eingeladen hatten, schickten mir per Zeitungsbericht folgende guten Wünsche für meine Zukunft:

»Wir können der mutigen Kämpferin nur wünschen, daß es ihr gelingt, nicht zuletzt dank ihrer hohen Intelligenz und ihrem großen weiblichen Charme, mit ihren Gegnern fertig zu werden, den »Scheiterhaufen« oder was schlimmer wäre, schweigende Nichtbeachtung zu vermeiden und ihre Friedens-Utopie zu fördern.«[16]

Interessant daran sind die beiden zentralen Verfahren, die man für feministische Gedanken voraussieht: *»Scheiterhaufen«* oder *»schweigende Nicht(be)achtung«*. Dies waren und sind die bewährten Methoden, mit denen das abendländische Patriarchat ca. 3000 Jahre lang Frauen be-*herr*-schte und zur Bedeutungslosigkeit verurteilte.

Wie revolutionär der Rabbi Jesus zu seiner Zeit gewirkt haben muß, wenn er sich weder an die 613 jüdischen Gesetze hielt, die die Rabbis einhalten müssen, auch nicht an die Reinheitsvorschriften gegen Frauen, noch an Nicht(be)achtung, Ausbeutung und Liebesverweigerung habe ich nie zuvor so intensiv verstanden wie in der Thora-Schule von Jerusalem. Dies ändert jedoch nichts daran, daß aus der Jesusbewegung ebenfalls eine patriarchale Religion gemacht wurde. Christinnen und Christen haben also nicht den geringsten Grund, auf die Juden herabzublicken und anti-judaistische Meinungen zu kultivieren. Im Gegenteil, eine patriarchatskritische Sicht wird *beiden* Religionen nur gut tun, den jüdisch-christlichen Dialog enorm bereichern und die theo-logische Forschung zu überraschend neuen Fragestellungen inspirieren.

3. Feministische Theologie – eine Theasophie?

Auf die Frage, was eigentlich Feministische Theologie sei, gibt es patriarchal genommen keine Antwort. Denn wenn es sie gäbe, wäre diese Theologie nicht, was sie zu sein beansprucht: ein offener Prozeß, in dem Frauen sich selbst und ihre eigenen religiösen Erfahrungen und Überzeugungen auf neue Weise wahrnehmen, einander mitteilen, gemeinsam durchdenken und deuten. Feministische Theologie ist also Erfahrungstheologie, allerdings eine, die sich in drei Punkten von herkömmlichen Erfahrungstheologien unterscheidet:

1) möchten hier Frauen (auch für Männer) eine Theologie entfalten, die den religiösen Bedürfnissen, Potenzen und Charismen von Frauen entspricht
2) ist der Stil und die Art und Weise theologischen Nachdenkens über religiöse Erfahrungen anders als üblich, weil Denken und Veränderung bzw. Umwandeln (der eigenen Gefühlswelt wie der Lebenswelt) nicht voneinander getrennt werden
3) kommen Inhalte zum Zuge, die jahrtausendelang verschüttet waren oder nur ein Schattendasein führen konnten – wie z. B. die Weisheitstraditionen, matriarchale Spiritualität und Symbole, und die besondere Bedeutung von Frauen in der jüdisch-christlichen Tradition.

An einer assoziativen Umgestaltung der »Versuchung Jesu«, mit der 1979 meine seinerzeit nicht beabsichtigte »Laufbahn« als Feministische Theologin begann, möchte ich feministisches Umdenken, d. h. die *»Umkehr«* der gewohnten patriarchalen Perspektive, andeuten.

Schlaglicht: DIE VERSUCHUNG DER TOCHTER GOTTES (Auszug)
(Assoziation zur Versuchung Jesu, Mt. 4, 1–11 parr. Lk. 4,1–13)

Zweite Versuchung

Da führte der Teufel die Tochter Gottes auf einen sehr hohen Berg und zeigte ihr alle Reiche der Welt und ihre Herrlichkeit und sprach: »Das alles will ich dir geben, wenn du niederfällst und mich anbetest«. – »Wieso glaubst du, daß dies für mich eine Versuchung ist?« fragte die Tochter Gottes. »Ich habe doch niemals gewünscht, die Welt zu beherrschen und über all ihre Reichtümer zu verfügen. Dies ist ein größenwahnsinniger Männerwunsch. Ich kümmere mich um wichtigere Dinge, und die finde ich in meiner Umgebung in den Menschen, mit denen ich lebe. Ich will das wirkliche Leben schützen und Gott meinem Herrn dienen, der der Geist des Lebendigen und der Liebe ist. Er macht mich frei von der Sucht zu besitzen, zu herrschen und die Welt mir untertan zu machen.«

Dritte Versuchung

Als der Teufel sah, daß er mit all diesen Versuchungen bei der Tochter Gottes keinen Erfolg hatte, dachte er eine Weile nach; und endlich fiel ihm, so glaubte er, die Versuchung ein, der auch sie nicht widerstehen könnte. Und so führte er sie in ein wunderschönes Haus mit Garten und allem, was das Herz einer Frau erfreut, und zeigte ihr einen schönen Mann, der unermeßlich reich war an irdischen Gütern, aber auch an Geist und Klugheit, und er sprach zu ihr:
»Diesen Mann will ich dir geben und alle seine Reichtümer, wenn du nur ihm gehören willst, nie mehr andere Gedanken denken willst, als er sie für richtig hält, sein Wohl stets über das deine stellst, wenn du einverstanden bist, daß er die Welt für dich sein soll und du nur durch ihn lebst. Wenn du all deine Kraft, Phantasie und Liebe nur auf dieses Haus konzentrierst und jeden Zugang zur Welt, der außerhalb liegt, nur durch ihn erhälst.«
Da antwortete die Tochter der Weisheit: »Die Frau lebt nicht vom Mann allein!«[17]

Heute würde ich den Begriff »Gott, der Herr« nicht mehr so benutzen wie damals, vor allem würde ich auch von der Göttin, die die Liebe ist, sprechen. Nomen est Omen, Namen sind nämlich nicht unwichtig. Der trinitarische Gott (Vater, Sohn und Geist), grenzt nämlich nicht nur formal, sondern vor allem inhaltlich weibliche Erfahrungen und matriarchale Traditionen und Spiritualität aus; denn es gibt in Analogie zu Theo-Logia keine eigenständige »Thea-Sophia«, also keine Weisheitslehre von der dreifaltigen Göttin (Mutter, Tochter, Geistin). Aber ist das ein Problem? Hat uns die Männer-Religion nicht zu diesem phantastischen Fortschritt verholfen – nicht nur des Bewußtseins, sondern vor allem der technischen Be-herr-schung der Erde und des Menschen? Und haben Frauen davon nicht auch profitiert? Wozu brauchen sie plötzlich eine eigene Theo-logie oder Theasophie?

Daß der patriarchale Fortschritt in vielfacher Weise ein Rückschritt ist, haben nicht erst Feministinnen entdeckt. Dies beklagen auch Männer wie Max Horkheimer, Theodor W. Adorno, Jürgen Habermas, Horst Eberhard Richter, Fritjof Capra u.v.a.m. Welche Religion und Theologie Frauen eigentlich brauchen, wird gegenwärtig intensiv gefragt und erforscht. Diese Frauen-Forschung brachte bereits hochinteressante Entdeckungen ans Licht: weibliche Weisheit z.B. und konkrete Frauen spielen in der biblischen Tradition eine viel größere Rolle als wir gewohnt sind zu sehen, Jesus hatte sicher ebenso viele Jüngerinnen wie Jünger[18], Frauen waren erste Zeuginnen der Auferstehung, weil sie bei seiner Kreuzigung nicht geflohen waren, so wie die Männer usw. Jesus kann als eine Inkarnation der SOPHIA, der weiblichen Weisheit, interpretiert werden[19], und das Neue Testament beschreibt überwiegend einen liebevollen Vatergott, den »abba«, Pappi, Jesu, der mütterliche Qualitäten zur Geltung bringt.

Daß diese aufregenden Entdeckungen die wirkliche Problematik von Frau und Religion nur vernebeln, aber nicht klären, *wenn* nicht zugleich gesehen wird, daß die weibliche Weisheit, um es bildhaft zu sagen, im patriarchalen Gefängnis sitzt, werde ich an der Gottesfrage aufzeigen (Kap. II).

Feministische Theologie kann nicht nur mit Hilfe herkömmlicher Definitionen beschrieben werden, obwohl durchaus auch im Rahmen vorhandener Theologien gesagt werden kann, was Feministische Theologie *nicht* ist und was den herkömmlichen Theologien fehlt. Dies nannte ich Theasophie und frage, ob das, was Feministische Theologie will, erreicht wäre, wenn eine eigenständige weibliche Theologie gleichwertig neben der männlichen sich entwickelte, was ein gegenwärtig kaum vorstellbarer Fortschritt wäre. Denn dies würde bedeuten, eine eigene weibliche religiöse Praxis zuzulassen, jede kirchliche Hierarchie und jede Form von Sexismus aufzugeben etc. Orthodoxe Christen würden sicher befürchten, daß allein schon das Hineinnehmen weiblicher Erfahrungen des Göttlichen und Heiligen in Theologie und Kirche gotteslästerlichem Gedankengut Tür und Tor öffnen könnte. Aber so unbequem die feministischen Anfragen sein mögen – Theologie und Kirche werden nicht umhin können, Antworten zu entwickeln, die nur aus einem offenen Dialog entstehen können und Veränderungen zuzulassen. Wer es, wie z.B. ich selbst, für unabweisbar hält,

daß sich das Adjektiv feministisch nicht nur als Beigabe zu Theologie abtun läßt, sondern fundamentale Erkenntnisse und Sichtweisen beinhaltet, die gegenwärtig die entscheidende Dynamik in die Theologie einbringen (nicht umgekehrt), für die und für den mag es sich durchaus als sinnvoll erweisen, Feministische Theologie probeweise als Theasophie zu verstehen. Dieser Anti-Begriff kann nämlich die patriarchale Prägung und männerorientierte Einseitigkeit christlicher Traditionen überhaupt erst bewußt machen. Ohne tiefgreifende Patriarchatskritik wird Theasophie allerdings die herkömmliche Theologie wohl kaum zur Wandlung inspirieren und ihre Entgleisungen, Irrwege und blinde Flecken aufdecken können. Weibliche Religionskritik und der weibliche Kampf von Frauen für eine Überwindung patriarchalen Christentums sind unerläßlich.
Allerdings hat Feministische Theologie als Theasophie im Sinne eines Gegen-Konzepts wie jede Anti-These den großen Nachteil, auf das bezogen zu bleiben, wogegen sie steht: hier eine Theologie, die seit 3000 Jahren nur von Männern betrieben wurde und von Gott in sexistischer Sprache und patriarchal-männlichen Bildern und Symbolen redet. Die weibliche Seite dieser Gottheit, nämlich die Göttin und weibliche Spiritualität, wurden im Rahmen dieser Theologie stets als in Gott und in männlicher Religiosität enthalten gedacht. Daher ist es so schwer (dies gilt auch für mich selbst), sich ernsthaft der Vorstellung davon, daß die Gottheit ursprünglich als dreifaltige Göttin verehrt wurde, zu öffnen und die Probleme, die dies aufwirft, überhaupt wahrzunehmen und daraus Folgerungen für die Praxis zu ziehen. Die jüdische »Religion der Väter« und die christliche »Religion des Sohnes« entsprechen unserem anerzogenen religiösen Empfinden eben mehr als eine »Religion der Mütter und Töchter«. So ist es z.B. eine völlig offene Frage, ob die Verehrung der Göttin und die freie Entfaltung spiritueller erotischer Beziehungen in unseren Kirchen möglich werden wird – und was dies bewirken würde. Wer solche Fragen ernsthaft zuläßt, gerät bereits in eine Dynamik des Suchens, Entdeckens und Sich-Veränderns, die ich am eigenen Leibe erfahren habe und die mich veranlaßt, von Feministischer Theologie als einer Art Denk-Bewegung zu sprechen. Ohne jeden Kampf wird diese Bewegung nicht auskommen, weil es anders nicht möglich ist, die christliche Tradition in ihrem patriarchalen Aspekt zu überwinden, ihre verlebendigenden Strömungen wiederzufinden und »geronnene Kommunikationsstrukturen zu verflüssigen« (Jürgen Habermas).[18] Doch der Kampf birgt Probleme, und so ist es wichtig zu klären, wie, mit welchen Mitteln und wofür frau und man kämpft.

Am Beispiel der Töchter und Söhne, die gegen die Eltern nur rebellieren, aber trotzdem, richtiger: eben deswegen, auf die Normen und Werte der Eltern (wenn auch negativ) fixiert bleiben[19], ist zu lernen, was die östliche Weisheit schon lange weiß: Der Kämpfer nimmt die Gestalt seines Gegners an (was gewiß auch für Kämpferinnen gilt). Einer der glühendsten Patriarchatskritiker der Gegenwart, Volker Elis Pilgrim, schreibt dazu:

»Kämpfe stützen das Patriarchat. Es ruft sie hervor, es ist gegen sie immun, es wird von ihnen gestärkt. Das ist so seit Jahrtausenden.«[20]

Das wahre Heldentum besteht gar nach Friedrich Nietzsche nicht darin, daß man für irgend etwas, sondern gar nicht kämpft. Dieses Heldentum erscheint mir für Männer vielleicht vorübergehend ganz erstrebenswert, wenn es sie veranlaßt, das patriarchale power-play aufzugeben. Für Frauen jedoch ungeeignet, weil es sie nur in ihrer masochistischen Opferrolle festhalten würde.[21] Ohne Patriarchatskritik und wohlüberlegten Kampf für eine lebenliebende (biophile) Religion und Spiritualität gibt es kein Entkommen aus dem patriarchalen Zirkel der Gewalt. Aus feministischem Blickwinkel erscheint mir daher die Dialektik Friedrich Hegels nur als geniale Analyse patriarchaler Pseudo-Erneuerung und fiktiver Lebendigkeit und Veränderung. Wie die Geschichte lehrt, stärkten Antithesen in Gestalt antipatriarchaler Gegen-Bewegungen letztendlich immer aufs neue die herr-schende Orthodoxie, und die neuen Synthesen wurden zu Varianten alt-patriarchaler Thesen. Dies gilt für die religiöse Aufbruchsbewegung Martin Luthers, für die Jesusbewegung selbst, für die gnostischen christlichen Gemeinden der ersten Jahrhunderte n. Chr. und für Beginen, Katharer und viele andere Ketzerinnen und Ketzer.[21a]

Am Beispiel der gnostischen Christinnen und Christen der ersten Jahrhunderte ist zu lernen, wie schwer es ist, der patriarchalen Unterdrückung und Ausrottung zu entgehen (vgl. Kap. I d. U.). Wie soll der Teufelskreis der Gewalt und des Siegens oder Unterliegens mit Gewalt überwunden werden können? Einer der schlimmsten Irrtümer christlicher Männer ist wohl der, man könne Gewalt durch Gewalt, Machtmißbrauch durch »Macht« und weltliche *Herr*-schaft durch Gottes*herr*-schaft abschaffen, ohne Macht z. B. radikal neu als Macht der Liebe zu definieren und Gottesherrschaft als das Reich der Himmel, wo jede Herr-schaft aufhört (auch SELBST-Be-herr-schung sei noch eine Kleinform von Faschismus, sagte kürzlich die Lach- und Schießgesellschaft!). Also geht es darum, Kampfformen zu finden, mit denen wir *nicht* uns selber und andere verletzen, statt einander zu inspirieren und zu verwandeln.

Wünschenswert erscheint es, LIEBE-voll zu kämpfen, weil sonst durch die Methoden das, was eigentlich entfaltet werden soll, verhindert werden könnte. Sinnvoller Kampf schließt Liebe ein – Selbstliebe und Feindinnen- und Feindesliebe, weil sonst der Zirkel der Gewalt nur verstärkt, aber nicht Leiden in Freude und Feindinnen und Feinde in Freundinnen und Freunde verwandelt werden können.

Ob sich die herrschende Wissenschaft Theologie durch liebevollen feministischen Kampf zur Wandlung inspirieren läßt, oder aber nach einer Phase der Verunsicherung nur verstärkt in alte Positionen zurückfällt, ist zur Zeit noch unentschieden. Wie immer dieser Prozeß ausgeht, die herrschende Theologie entscheidet gewiß nicht über Wert und Unwert feministisch-theologischer Entdeckungen. In diesem Fall enthüllt und entscheidet sich umgekehrt die christliche Substanz der herrschenden Theologie am Prüfstein Feminismus.

4. Feministisch-theologische Positionen und Probleme

Das Spektrum feministisch-theologischer Positionen reicht von radikaler Kritik, die die jüdisch-christliche Religion nur noch als patriarchale Ideologieträgerin wahrnimmt und bekämpft, bis hin zu Frauen, die eigentlich nur entdecken möchten, daß das Christentum schon immer feministisch, frauenfreundlich und frauenbefreiend war und daher eigentlich keine oder nur wenig Patriarchatskritik nötig hat.

Wer sich zwischen diesen Polen ansiedelt, hat gelegentlich das Gefühl, zwischen allen Stühlen zu sitzen, den radikalen Feministinnen nicht feministisch genug und den überzeugten Theologinnen nicht christlich genug zu erscheinen. Doch gerade im Zwischenreich zwischen Feminismus und etabliertem Christentum, zwischen Patriarchatskritik und Neu-Entdeckung jesuanischer Liebesreligion bzw. matriarchaler Eros-Kultur entsteht eine spannende Denkbewegung, gibt es neue Einsichten, die auf neue Wege führen. Die Ansiedlung im Zwischenreich erfordert den Verzicht auf die Herausbildung von Orthodoxie, die Andersdenkende ausschließt und im Extremfall auf dem Scheiterhaufen verbrennt, diese legt es nahe, miteinander und gegeneinander ohne gegenseitige Abwertung zu kämpfen und Formen von Frauensolidarität und »Schwesternstreit« zu entfalten, die ohne Rechtfertigungsdruck auskommen. Denn niemandin hat die Wahrheit in festem Besitz. Dies nicht als Manko zu begreifen, sondern als Chance und Alternative zur herr-schenden Wissenschaft Theologie, gehört für mich zu einer der wichtigsten Neuerungen feministisch-theologischen Arbeitens.

Da die Befreiung aus einer Kultur, die sich in einem latenten kriegerischen Dauerzustand befindet, die die »Lust« am Quälen und Gequältwerden so verinnerlicht hat, daß man sie kaum mehr richtig bemerkt, und die eine große Vorliebe für den Tod und feststehende (tote) Wahrheiten hat (Mary Daly/Erich Fromm), den Bruch mit einem weltweiten Konsens bedeutet, sind die Verlebendigungs- und Erlösungsprozesse durchweg mit großer Angst besetzt und verlaufen nach dem Prinzip von Versuch und Irrtum (trial and error). Von der allgemein üblichen verurteilenden Kritik und von konfessorischen Abgrenzungskämpfen befreit, könnten Frauen liebevolle, erfrischende Selbstkritik und -veränderungen zulassen. Ein Phänomen, das man bei Männer-Theologen, die ja auch die Wahrheit nicht gepachtet haben, nur selten findet, leider Gottes und zum Leid der Göttin.

Aus den genannten Gründen erscheint es mir z. B. wenig sinnvoll, verschiedene feministisch-theologische Positionen gegeneinander zu vergleichen. Die Gefahr, unbeabsichtigt im Stil des üblichen wissenschaftlichen Diskurs-Kampfes zu verfahren, ist ohnedies schon groß genug. Ich möchte daher nur einige der wichtigsten *Gemeinsamkeiten* feministisch-theologischen Nachdenkens nennen und dann auf einige *Differenzen*, Schwierigkeiten und offene Fragen aufmerksam machen.

Einigkeit gibt es darüber, daß

– Rolle und Bedeutung von Frauen und weiblicher Spiritualität neu gewürdigt werden müssen und zwar nicht nur in Blick auf die Frauen der biblischen Überlieferung und der christlichen Tradition, sondern auch, was die Frauen in matriarchalen Kulturen angeht;

– jede Art von Frauenhaß und -unterdrückung und jede noch so subtile Frauenfeindlichkeit in Vergangenheit und Gegenwart aufgedeckt und überwunden werden sollen;

– die einseitig männer-orientierte Theologie in Theorie und Praxis zu verwandeln sei, so daß die christliche Religion zu einer frauenliebenden Religion wird.

Differenzen gibt es natürlich in der Frage, wie das konkret im einzelnen aussehen soll und wie weit feministische Kritik und Neuerung gehen darf. An dieser Frage scheiden sich nicht nur die feministischen Geistinnen, sondern auch die theologischen Geister. Denn schließlich geht es um die entscheidende Frage, ob eine Frau, die das ganze Ausmaß patriarchal-christlicher Frauenfeindlichkeit erkennt, überhaupt noch innerhalb dieser Tradition und Kirche bleiben kann. Und was wären die Kirchen ohne Frauen? »Wenn

Frauen in der Kirche streiken ...« (die taz vom 5. 4. 83) bleiben die Kirchen leer.
Der wundeste Punkt feministisch-theologischer Erkundungen liegt also in der Frage, wieweit Patriarchatskritik gehen darf und welche konkreten Konsequenzen sie hat. Tiefgreifende, von den matriarchalen Wurzeln her denkende, Patriarchatskritik stellt das herrschende Selbstverständnis von Theologie und Kirche auf den Kopf, dreht es um, *kehrt es um.* Diese *Umkehr*-ung entspricht vermutlich sehr viel mehr dem, was der radikale *Umkehr*-ruf Jesu seinerzeit meinte, als das, was traditionellerweise unter »Buße« verstanden wird. Jesus hatte sicher eher im Sinn, die Menschen zu ermutigen, sich von der Liebe und Freude ergreifen und das patriarchal verdrehte Gesetzesdenken hinter sich zu lassen, als irgendein lebens-, liebes- und leibesfeindliches Patriarchat zu befestigen oder gar noch zu verschärfen wie z. B. traditionelle Interpreten der Bergpredigt unterstellen.[22]
Feministische Theologie hat so gesehen die schwierige Aufgabe, ungeschmälerte Freude zu verkünden und die heillos mit jüdischem Gesetzesdenken verfilzte Frohe Botschaft von patriarchalen Mißverständnissen zu befreien. Dazu gehört an prominentester Stelle die Überwindung des Vorurteils, die Freude entbehre des Tief-Sinns und sei im Vergleich zum Leiden eher eine oberflächliche »Friede-Freude-Eierkuchen«-Banalität. Feministische Exegese wird nach verkündigungswürdigen Elementen der christlichen Tradition suchen, also nach den tief erfreuenden, beglückenden und leidüberwindenden Inhalten und sich trauen, seelenvergiftende und -verletzende Überlieferungen aus dem Geist der Liebe heraus abzulehnen oder neu zu deuten und zu verwandeln. Dazu wird vor allem gehören, die alttestamentlichen Traditionen anders zu sehen als üblich und die Frage nach der Identität des Christentums zu stellen, was Hannah Wolf aus psychoanalytischer Sicht bereits mutig begonnen hat.[23] Aus matriarchaler Sicht kann überdies nicht mehr unbestritten davon ausgegangen werden, der friedliche Göttin-Kult im Lande Kanaan sei so böse gewesen, daß er unbedingt bekämpft, vernichtet und dem Jahwe-Kult einverleibt werden mußte – der kampflüsterne, frauenfeindliche Jahwe-Kult hingegen sei unbesehen so gut gewesen, daß er einfach siegen mußte. Die Mythologieforschung sieht dies eher umgekehrt und erkennt in den matriarchalen Kulturen und Religionen inspirierende Vorbilder für eine frauenliebende, lebensrettende Utopie. (Dies war der Tenor der Diskussion auf dem Mythologenkongreß auf Kreta im Mai dieses Jahres). Auch die alttestamentliche Forschung kann nicht umhin, das Verhältnis von Jahwe- und Göttin-Kult

allmählich neu zu begreifen und im Jahwe-Kult eine patriarchal-männliche Entgleisung zu erblicken, wie z. B. Urs Winter in „Frau und Göttin" (1983) darlegt. Nur ist es Winter (noch) nicht möglich, seine – angesichts der vorgetragenen Erkenntnisse – haltlos erscheinenden postiven Bewertungen Jahwes zu überwinden.[23a] Patriarchatskritik üben heißt also, geheiligte patriarchale Selbstverständlichkeiten infrage stellen. Darüber, daß es um eine »Scheidung von Christentum und Patriarchat« (Elisabeth Moltmann-Wendel) geht und darum, unsere matriarchalen Wurzeln wiederzufinden (Catharina Halkes), gibt es grundsätzlich Einigkeit in der Feministischen Theologie. Patriarchatskritik erfordert mehr als nur intellektuelle Anstrengung, nämlich den Mut, das eigene Selbst- und Weltverständnis zu ändern, theologische Traditionen infrage zu stellen, christliche Tabus zu brechen und quasi heilige wissenschaftliche Standards zu überschreiten. Denn natürlich ist es schwierig, eine anti-patriarchale Hermeneutik zu entfalten, die den Rahmen etablierter Wissenschaftsnormen nicht sprengt. Wenn feministische Theologie eine freie Denkbewegung ist, kennt sie keine ein für alle mal feststehenden Wahrheiten, sondern nur Prozesse der immer neuen Wahrheitsfindung, die sich nicht von Methodenzwängen reglementieren und beschränken lassen. Dies heißt wohl nicht »anything goes«, wie Paul Feyerabend es versteht.[24] Es geht nicht alles, sondern nur das, was die »Gesetze« des Lebens und der Liebe nicht verletzt. Doch dies könnte für eine feministische Hermeneutik bedeuten, wie bei Feyerabend zu lesen ist, daß neue Hypothesen nicht unbedingt mit bereits anerkannten Theorien übereinstimmen müssen, um als vernünftig zu gelten.[25] Ermutigend für Feministische Theologie erscheint mir auch Feyerabends radikal wissenschaftskritische Überzeugung, derzufolge auch die Wissenschaft vielleicht nur das falsche Märchen erzählt, sie könne ideologisch verseuchte Ideen in nützliche Theorien[26] umwandeln:

»Es gibt also keinen klar formulierbaren Unterschied zwischen *Mythen* und *wissenschaftlichen Theorien*. Die Wissenschaft ist eine der vielen Lebensformen, die die Menschen entwickelt haben, und nicht unbedingt die beste. Sie ist laut, frech, teuer und fällt auf. Grundsätzlich überlegen ist sie aber nur in den Augen derer, die bereits eine gewisse Position bezogen haben oder die die Wissenschaft akzeptieren, ohne jemals ihre Vorzüge und Schwächen geprüft zu haben.«[27]

Feministische Hermeneutik wird sich herrschender theologisch-wissenschaftlicher Methoden bedienen, ohne sich auf diese zu beschränken, und auch bei den allergeheiligsten theologischen Lehren und Methoden mit den unbefangenen Augen eines Kindes

nachschauen, welche Vorzüge und Schwächen und welche Wirkungen diese haben. Sie wird also auch feministische Sichtweisen nicht für sakrosankt, sondern für ständig veränderbar halten.
Ich möchte daher die feministische Verdolmetschung der frohmachenden Botschaft Jesu gern als eine *»Des-Kaisers-neue-Kleider«-Hermeneutik* verstehen, weil sie sich durch keine noch so fest zementierten wissenschaftlichen Wahrheiten und Methoden (z.B. historische Fakten und naturwissenschaftliche Beweisführungen) davon abbringen läßt, nach dem zu fragen, was auch persönlich und spirituell erfahren und eingesehen wird und welche Wahrheiten überdies im Sinne der von Jesus verkündeten Liebes-Religion und einer vom Eros getragenen Kultur Gültigkeit beanspruchen dürfen.
Die Angst, damit im wissenschaftlich-theologischen Abseits zu vereinsamen, ist bei vielen Theologinnen in etwa so groß wie die Angst vor der schmerzlichen Zurückweisung durch die etablierten Theologien und von Seiten patriarchatsgläubiger Frauen und Männer. Und so hofft frau denn gelegentlich, sie könne Patriarchatskritik üben, ohne den Rahmen herkömmlichen Theologietreibens zu überschreiten, und der sonst stets unerfüllbare Wunsch, »wasch mich, aber mach mich nicht naß« möge ausnahmsweise einmal im Falle der Patriarchatskritik an der jüdisch-christlichen Tradition doch erfüllbar sein.

5. Feministische Theologie als Befreiungstheologie

Der gelungenste Versuch, mit theo-logischen Denkmustern theasophische Einsichten zu beschreiben, scheint auf den ersten Blick der zu sein, Feministische Theologie als Befreiungstheologie zu definieren, weil damit der Boden anerkannter Theologien nicht verlassen werden muß. Diese Lösung wird aus diesen und anderen Gründen von vielen Theologinnen und Theologen bevorzugt. Doch wie Catharina Halkes bereits im Jahre 1979 darlegte, kann Feministische Theologie nicht *nur* als Befreiungstheologie definiert werden, was sie natürlich einerseits ist. Wie könnte dies auch anders sein, da es um die Befreiung der Frauen geht und frau sich auf ein befreiendes Evangelium beruft?
Auf der anderen Seite steht Feministische Theologie quer zu allen Befreiungstheologien, sofern diese nicht von denen gemacht werden, die sich befreien wollen, nämlich den Frauen, *und* insofern, als sich die Frauenfrage quer durch alle Nationen, Rassen und Klassen stellt.[28]

Wer Feministische Theologie ungeachtet dieser Besonderheit mit Befreiungstheologie ineins setzt, gerät in Widersprüche. An zwei Beispielen möchte ich dies verdeutlichen.
Die Befreiungstheologie von Georges Casalis erscheint mir symptomatisch für eine von Männern entworfene Theologie, die Frauenbefreiung noch nicht einmal als Problem wahrnimmt.[29] Casalis schreibt:

»Nur wer sich vom Willen zur Macht befreit hat, kann es wagen, die bestehende Macht zu stürzen und die Macht zu ergreifen.«[30]

Der »Neue ökumenische Mensch«, der dies vollbringen soll, ist indes nicht zufällig männlichen Geschlechts und es ist ebenfalls kein Zufall, daß die Frau als Partner (!) dieses Menschen nur in einem Nebensatz flüchtig am Ende der befreiungstheologischen Abhandlung erwähnt wird. Casalis folgt darin der bekannten patriarchalen Ideologie, die immer schon die Frau als Gehilfin des Mannes gerne sah und deren moderne Variante lautet, die Frau dürfe sogar genau wie der Mann sein: »sein Partner«!
Frauen gewinnen durch diese Vermännlichung eigentlich nichts, denn es geht ja um Machtergreifung durch den Neuen Menschen, der nicht nur grammatikalisch ein männlicher ist. Es bleibt zudem in den Ausführungen von Casalis unklar, welche Macht er eigentlich wann meint; denn vermutlich wird der Neue Mann-Mensch nicht dieselbe Macht ergreifen wollen, von der er sich befreit hat. Da Casalis nicht zwischen patriarchaler Gewalt-Macht, die auf gewaltförmigem Machtmißbrauch beruht, und befreiender, umwandelnder und vereinigender Macht des Eros differenziert, bleibt für ihn das Paradox der Macht (s.o.) der Weisheit letzter Schluß, nicht aber die Überwindung und Vereinigung paradoxaler Widersprüche.
Im zweiten Beispiel geht es um andere Paradoxien. Dorothee Sölle kritisiert die herr-schende sexistische Theologensprache und phallokratische Gottesvorstellungen, verwendet aber dennoch nur das mit sexistischen Bedeutungen aufgeladene Wort GOTT, um die Gottheit zu bezeichnen. Sie schreibt:

»Menschen verehren Gott nicht wegen seiner Macht und Herrlichkeit, sondern versenken sich in seiner Liebe, die Grund genannt wird, oder Tiefe, oder Meer.«[31]

Diesen Symbolen und Bildern für GOTT kann frau nur aus vollem Herzen zustimmen, verraten sie doch eine pantheistische Sicht der Gottheit, also die Göttin. Sölle wurde ob dieser Ketzerei von vielen Seiten scharf attackiert. In unqualifiziertester polemischer Weise von einem Männer-Theologen in der Zeitschrift DIE ZEIT (Dez.

1983) unter dem Titel: »Heilige Emma hilf! Über die kleinmütige Provokation von Dorothee Sölle: Darf Gott kein Herr sein?« Sölles bewundernswerte, kühne und treffende Problematisierung des männlichen Gottes enthält dennoch einige Widersprüche, die jedes männliche Gottesbild, das die Göttin implizit mit vertritt, auslöst, aber nicht auflöst. Im Titel ihres Beitrags »Gott und ihre Freunde« finden diese Widersprüche einen klassisch zu nennenden Ausdruck. Denn in diesem Gott, der in erster Linie männlich ist, da es um *seine* Liebe bzw. Macht und Herr-lichkeit geht (s.o.), ist trotzdem eine weibliche Seite versteckt, denn *er* hat *ihre* Freunde. Doch es drängt sich die Frage auf, warum dieser Gott keine Freundinnen hat? Und warum nicht auch »Der Göttin seine Freundinnen« haben könnte? Diese eigentlich unmögliche Umkehrung zeigt, worum es geht, nämlich um die Grundsatzfrage, ob Thea-sophien in Theo-logien »integriert« werden können oder nicht. Sölles Entscheidung in dieser Frage ist eindeutig:

»Befreiungstheologie, die der Rahmen auch für Feministische Theologie ist [...]«[32]

Für die eben erst sich herausbildende Feministische Theologie in Europa könnte dies eine einengende Programmatik sein, die bei denjenigen, die das patriarchale Christentum konsequent loslassen und umwandeln wollen, eine Denkhemmung auslöst. Denn besagt diese Festlegung nicht, man und frau dürften das bitte niemals umgekehrt sehen und glauben, Feministische Theologie könne ihrerseits der Rahmen für andere Befreiungstheologien sein? Doch eben darum geht es anderen Theologinnen (auch mir selbst), die befürchten, eine Ein- und Unterordnung Feministischer Theologie in/unter herkömmliche Befreiungstheologien, würde jener die frauenidentifizierte, göttinorientierte und liebesrevolutionäre Spitze und Eigendynamik rauben. Wie groß diese Gefahr ist, kann dem theologischen Entwurf von Mary Daly entnommen werden.
Daly würde sicher nicht einmal im Traum daran denken, ihre Feministische Theologie in die Befreiungskonzepte von Männern einzufügen, weil sie von der plausiblen Theorie ausgeht, auch die Frau habe potentiell eine eigene Identität, eine eigene weibliche SELBST, auch wenn ihr diese weltweit von den Männern nicht zugestanden wird.
Aus dieser Perspektive erkennt sie einen »tödlichen Betrug durch Mystifikation« und eine »Verstümmelung der Seelen durch christliche und nachchristliche Mythen«. Im Kreuz Christi sieht sie, anders als alle Kreuzes- und Befreiungstheologen, ein Todessymbol, das an die Stelle des matriarchalen Lebensbaumes getreten ist (vgl. auch

Kap. III und V d. U.). Wenn sie überdies die Väter als »patriarchale Supermütter« und »nekrophile Macher« anprangert, die im Gegensatz zu den richtigen Müttern nur künstliches Leben, also nur Tod, hervorbringen, überschreitet sie den Denk-Rahmen aller Befreiungstheologen – auch den von Jürgen Moltmann, der glaubt im »mütterlichen Vatergott« ein ganzheitliches Gottesbild und den Gott gefunden zu haben, der die Göttin entbehrlich macht und Frauen und Männer gleichermaßen befreit.[33]
Daly sieht im weltweiten Patriarchat die einzige Weltreligion, die unser Planet kennt und beschreibt auf vielfältige Weise (vgl. bes. Gyn/Ökologie, a.a.O., Passage II), daß dessen eigentliche Botschaft Frauenhaß, -unterdrückung und NEKROPHILIE, d. h. »Liebe« und »Lust« zu allem, was tot, starr, patriarchal und mörderisch ist. Dalys Ausführungen sind umwerfend, faszinierend, überzeugend, aufrüttelnd, und stellen einen der wichtigsten theologischen Entwürfe der Gegenwart dar, mit dem jede Theologie sich ernsthaft wird auseinandersetzen müssen. Meine persönliche Auseinandersetzung durchlief verschiedene Stadien, doch hingerissene Faszination überwog bei weitem. Zwei Kritikpunkte möchte ich trotzdem nennen.
Der Geist und der Stil von Dalys polemischer Kritik am sado-spirituellen, vergewaltigenden Geist des Christentums nährt sich für mein Empfinden auch aus eben dem Geist, den sie bekämpft, dem sado-spirituellen. Hat Daly unbemerkt die Gestalt ihres Gegners angenommen (s. v.)? Der »qualitative Sprung jenseits der patriarchalen Religion«, zu dem Daly auffordert, ist so radikal, daß gewiß nicht alle Frauen einfach springen können, selbst wenn sie gerne wollen. Die erstrebte große Veränderung ist oftmals nicht im geschlossenen Sprung zu erreichen. Und so erfahren denn viele Frauen schmerzhaft, daß die inneren Wandlungs- und Wachstumsprozesse ganz anders verlaufen, als sie sollen, nämlich langsam und mit vielen Umwegen und Schwierigkeiten – und vor allem durch die Wiederentdeckung unserer mythisch-religiösen Wurzeln, die frei sind von patriarchaler Zerstörung (vgl. Kap. III d. U.).
Daly wirft zugleich mit der notwendigen Kritik am Christentum alle biophilen und matriarchalen Elemente, die es tradiert, über Bord. So übersieht sie die Kontinuität matriarchaler spiritueller Strömungen durch die Jahrtausende, nur weil diese sich in patriarchalem Gewand zeigen. Mir persönlich dagegen erscheint es als faszinierende Chance, die matriarchalen Elemente des Christentums zu entdecken, zu beleben und die christliche Religion zugleich mit dem je eigenen patriarchal geprägten Bewußtsein grundlegend umzuwandeln.

1. Feministische Theologie ist eine beglückende Denkbewegung für Frauen und Männer, die mehr anstrebt als Frauenbefreiung im Rahmen patriarchaler Emanzipationsmodelle. Sie möchte vielmehr diesen Rahmen überschreiten und verändern, indem sie eine leben-, eros- und frauenliebende Spiritualität entfaltet und eine Kultur entwickeln hilft, in der Frauen, Männer, Kinder, Tiere, Bäume, Wasser, Luft usw. nicht unterdrückt und beschädigt werden.

2. Feministische Theologie übt tiefgreifende Religions- und Theologiekritik an den patriarchalen jüdisch-christlichen Traditionen mit dem Ziel, deren frauen-, eros- und lebensfeindliche Ideologien zu enthüllen, die matriarchalen Wurzeln wiederzufinden und nichtpatriarchale religiöse Symbole und Rituale zu beleben.

3. Die Impulse zu dieser Patriarchatskritik am Christentum kommen aus unterschiedlichen Quellen. Vier der wichtigsten sind:
– die Wiederentdeckung und Würdigung matriarchaler Religionen und Kulturen
– der Geist der Liebe in der Jesusbewegung und in christlichen Urgemeinden
– insonderheit der von patriarchalen Kirchenvätern so verfemten gnostisch-christlichen Gemeinden, in denen z.B. die Göttin, weibliche Weisheit und Spiritualität gemeinsam mit einem weiblich-männlichen Gottesbild leben bzw. verehrt werden durften
– und schließlich die spirituellen Erfahrungen von Frauen und Männern heute.

4. Feministische Theologie kann nicht nur als eine Befreiungstheologie unter anderen definiert werden, weil sie, anders als diese, patriarchal-sexistisches Denken auch im Alten und Neuen Testament, jüdisch-christlichen Traditionen und in Befreiungstheologien infrage stellt.

5. Feministische Theologie als anti-patriarchale Bewegung und Theasophie sucht nach neuen Wegen, »objektive« wissenschaftliche Erkenntnisse mit lebenswichtigen Einsichten und spiritueller Liebe in Einklang zu bringen und nach adäquaten Methoden, diese weiterzugeben. Sie befürwortet einen erfinderischen und experimentierenden Umgang mit herr-schenden Wissenschaftsmethoden und -stilen, Theologien und Traditionen.

6. Feministische Theologie findet es wünschenswert, eine Religion zu entfalten, die von unzerstückelter Liebe und heilendem Eros

getragen ist und die daher bestimmte christliche Symbole (besonders das Kreuz, den Gekreuzigten und einen gewalttätigen Vater-Gott) in ihren lebensfeindlichen und sado-spirituellen Wirkungen wahrzunehmen und umzuwandeln in der Lage ist.

7. Feministische Theologie möchte den biophilen Sinn christlicher Symbole lebendig machen und neue, am Leben orientierte religiöse Symbole der Menschheit wiedereinführen. Dazu gehört an prominentester Stelle *der Lebensbaum* als Symbol ewigen Lebens, das den Tod einschließt und ins Leben integriert, *die Schlange* als Symbol weiblicher Weisheit und Klugheit, *die Taube* der Schöpfungsgöttin Inanna als Symbol für die stärkste Kraft, die es überhaupt gibt, den alles verwandelnden schöpferischen Eros, *die Göttin und ihr Heros* als Symbole gewaltfreier, bezaubernder Geschlechterliebe und kosmischer Verschmelzung (unio mystica) u.v.a.m.

Wenn Feministische Theologie weniger wünscht, erstrebt sie zu wenig, nämlich vielleicht nur einen leicht erweiterten patriarchalen Gefängnis-Käfig nach dem Motto:

»Man öffnete den Löwenkäfig
und die Löwin dachte
das wäre die Freiheit.

Dabei war es nur der Auslauf.«[34]

Von der Gottesfrage zum Göttinproblem

1. Kritik am männlichen Bild von Gott

Kann ein Mensch unseres Zeitalters sich überhaupt noch ernsthaft mit der Gottesfrage beschäftigen, sei die Gottheit nun männlich, weiblich oder sächlich? Schließlich hat schon Nietzsche Gott für tot erklärt und bedeutende Theologen und Theologinnen des 20. Jahrhunderts glaubten, nur noch »atheistisch an Gott glauben« zu können. Diese sogenannte »Gott-ist-tot-Theologie«, das wird gegenwärtig deutlich, hat die Gottesfrage nicht getötet. Vielleicht hat sie eher im Gegenteil den Horizont dafür geöffnet, in dem diese neu gestellt werden konnte, nämlich als Frage nach dem »weiblichen Gott« bzw. der »Weiblichkeit Gottes«, wie auch ich noch 1981 ungebrochen schreiben konnte.[1] Wie diese in sich widersprüchlichen Formulierungen anzeigen, gibt es in der herr-schenden Theologie keinen Begriff und keinen anerkannten Namen für das Weibliche auf der Ebene des Göttlichen, für die GÖTTIN. Diese Entdeckung ist auch für Menschen des 20. Jahrhunderts aufregend, weil sie eine neue Weltsicht eröffnen kann, die die herr-schenden Denk- und Glaubenssysteme (nicht nur die christlichen) erschüttert. Dies wird nicht zuletzt deutlich an der Abwehr und den Widerständen, die DIE GÖTTIN bei vielen hervorruft.

Die Gottesfrage wird gegenwärtig also nicht als Frage nach Theismus oder Atheismus, nach jüdischem EIN-Gott, christlichem dreifaltigen Gott oder Gott als abstraktem Prinzip diskutiert, sondern als Frage nach der Beziehung zwischen weiblichen und männlichen Bildern für die Gottheit, zwischen theistischem (jenseitigem) Gott und pantheistischer (diesseitiger) Göttin. Den verschiedenen Gottheitsvorstellungen entsprechen unterschiedliche religiöse Einstellungen und theologische Theorien, die auf unterschiedliche gesellschaftliche und politische Entstehungsbedingungen zurückzuführen sind, z. B. auf patriarchale bzw. matriarchale.

Die Frage, was wir heute eigentlich meinen, wenn wir Gott sagen, wird in der feministisch-theologischen Diskussion auch von den Frauen, die den Begriff Göttin entbehrlich finden (vgl. z.B. Sölle, s.o.), als Frage nach der universellen, einheitsstiftenden, göttlichen

Kraft gesehen, die nichts ausschließt, und die sich in der Entfaltung authentischer Glaubenserfahrungen zeigt und in einer Spiritualität, die keine Zensur und Unterdrückung kennt. Falscher oder richtiger Glaube können demnach weder an der Anerkennung eines bestimmten, dogmatisch fixierten Gottesbildes überprüft, belohnt und bestraft werden, noch an der nachweisbaren Zugehörigkeit zu einer bestimmten Religionsgemeinschaft. Wünschenswertes und nicht wünschenswertes spirituelles bzw. religiöses Verhalten und Handeln wird nur noch an *einem* Kriterium erkennbar, nämlich ob es die LIEBE-volle Verbundenheit der Menschinnen und Menschen untereinander und mit dem gesellschaftlichen, natürlichen, kosmischen Ganzen, mit der Natur und mit dem Lebensstrom (mainstream of life) fördert oder ihr schadet, ob es das Leben und die Liebe schützt oder Vernichtung und Zerstörung bejaht, ob es biophil oder nekrophil ist, erosfreundlich oder sado-spirituell.

Wenn dies richtig ist – und welchen anderen Sinn sollten Theologie und Kirche haben, als für die Entfaltung unzerstörten heilen Lebens zu sorgen, die Liebe zu entfalten und zu heiligen und jedem Lebewesen Gerechtigkeit widerfahren zu lassen? – dann stellt sich die Gottesfrage gegenwärtig ausschließlich als Theodizeeproblem (von theos = Gott und dikä = Gerechtigkeit), d. h., als Frage nach den Ursachen für den eklatanten Mangel an göttlicher Gerechtigkeit und Liebe in der Welt und dem Ursprung des Bösen. Seit mehr als 3000 Jahren wird in der jüdisch-christlichen Theologie die Gottesfrage als Suche nach einer Erklärung für die »Sünde«, d. h. die Trennung des Menschen von seinem göttlichen Ursprung bzw. die Entfernung des Menschen von Gott, diskutiert. *Eine* der tragenden Erklärungen, die die patriarchalen Theologien zur Lösung dieses Rätsels gefunden haben, ist die Unterstellung, die Frau sei schuld an der Sünde in der Welt und müsse daher vom Mann be-herrscht werden (vgl. die feministische Deutung des »Sündenfalls«, Kap. IV d. U.).

Wie konnte und kann ein allmächtiger Gott, der die LIEBE ist, die Beschädigung menschlicher Identität, die Zerstörung zwischenmenschlicher Beziehungen und die furchtbare Verunstaltung unserer Umwelt, unserer natürlichen Lebensbedingungen und unserer Liebesfähigkeit zulassen? lautet die ungelöste Theodizeefrage der herr-schenden Theologien. Warum hat der Schöpfer des Himmels und der Erde Auschwitz und Hiroshima, millionenfache Frauenmorde an »Hexen«, die in seinem Namen vollzogen wurden, und Abermillionen Kriegsmorde nicht verhindert? Die einzig mögliche Antwort auf alle diese Fragen lautet: er konnte es nicht. Denn der patriarchale Allmachtsvater ist nicht omnipotent, eher impotent.

Dies wird in der christlichen Theologie sinnfällig daran deutlich, daß sein einziger Sohn zu einem ohnmächtigen Gott gemacht wurde, um das Sinn-bild von einem angeblich allmächtigen, aber in der Lebens-Wirklichkeit hilflosen Gott nicht sinnlos erscheinen zu lassen und abschaffen zu müssen. Der gekreuzigte, ohnmächtige Gott wurde zum kompensatorischen Ergänzungssymbol des Allmachts-Gottes. Im Patriarchat entspricht der zerstörten Beziehung zwischen Mensch und Natur, die dieser glaubt sich untertan machen zu dürfen (1. Mose 1,28), eine gewaltförmige Beziehung des Mannes zur Frau, deren Herr er glaubt sein zu müssen (1. Mose 3,14) und eine problematische Beziehung zwischen Mensch und Gott, dem er sich als seinem HERRN glaubt in der Weise eines KNECHTES unterwerfen zu sollen (vgl. z.B. Ps. 119 und Kap. III d.U.).

Diese Aussagen sind keine Erfindung verzerrender feministischer Kritik am patriarchalen Gottesbild, sondern überliefertes Glaubensgut, das bis auf den heutigen Tag Gültigkeit beansprucht. Die patriarchale Seite des jüdischen Gottesbildes hat weitergewirkt und zeigt sich u.a. in der Variante eines Vater-Gottes, der seinen eigenen Sohn angeblich ermorden ließ (so weit hatte nicht einmal Abraham bei Isaac zu gehen brauchen). So wird im Christentum den bereits genannten Beziehungsstörungen noch ein Aspekt hinzugefügt, nämlich ein fundamental gestörtes Vater-Sohn-Verhältnis, das den im Patriarchat herr-schenden Mangel an liebender Verbundenheit der Männer untereinander widerspiegelt.

Im Neuen Testament überwiegt ein liebevolles Vater-Gottesbild, wie es etwa im Gleichnis vom verlorenen und wiedergefundenen Sohn zum Ausdruck kommt (Lk. 15). Aber das sich durchsetzende christliche Gottesbild, das diesen »abba Jesu« mit dem zornigen und gewalttätigen Gott des AT zu vereinigen bestrebt ist, brachte das heute gültige Allmachts-/Ohnmachts-Modell vom kreuzigenden und gekreuzigten Gott hervor. Damit wurde die unheilvolle Verquickung von *Liebe und Gewalt*, von matriarchalen und patriarchalen Vorstellungen vom Göttlichen, von biophiler und nekrophiler Spiritualität quasi göttlich sanktioniert. Die gewaltförmige »Liebe« des patriarchalen Gottes ist aber eher schrecklich, denn von ihr heißt es z.B., wen Gott liebe, den züchtige und kreuzige er! Feministinnen erschrecken denn auch vor diesen gewalttätigen, selbst- und fremdquälerischen (sado-masochistischen) und lebensfeindlichen (nekrophilen) Zügen im traditionell christlichen Bild von Gott.[1a]

Unterstellt dieses Gottesbild nicht überdies und indirekt, daß Kreuzigungen bzw. Morde an Frauen, Juden, Kriegern, usw., so

absurd sie seien, dennoch erklärt werden könnten? Und erhalten diese Greueltaten so nicht doch einen, wenn auch sinnlosen »Sinn«? Weil sie angeblich dem geheimen Willen des allmächtigen, verborgenen Gottes entsprechen (dem deus absconditus), der schon wissen wird, was für uns gut ist, auch wenn wir das nicht verstehen? Die Annahme, es sei ein Zeichen besonderer Glaubensfähigkeit, wenn jemand gerade deshalb an etwas glaubt, weil es ihm völlig absurd und sinnlos erscheint (credo quia adsurdum), diente der Unterstützung und Sicherung weltlicher und kirchlich-bischöflicher Herr-schaft, wie Elaine Pagels darlegt.[2] Wer sinnlose Zerstörungen durch ein entsprechend absurdes Gottesbild erklären kann, muß nicht einseitig und eindeutig für eine nicht-patriarchale Religion und Kultur eintreten, muß nicht das traditionelle Gottesbild ablehnen oder umwandeln und reinigen, indem er leben- und liebespendende Gottheitsbilder gestaltet.
Das traditionelle Gottesbild fördert eine Glaubenshaltung, die sich eher an Leiden, Quälen und Gewalt als an Liebe, Lust und Freude orientiert. Im auch heute noch verbreiteten »Erbauung«-Buch von Thomas a Kempis aus dem 14. Jahrhundert wird diese sado-spirituelle »Erbauung« in folgenden Formeln ausgedrückt:

»Wer sich selbst schmäht, wen es ekelt zu leben, wer wünscht, daß der Tod kommt, wer sein Leben in dieser Welt haßt, wer sich würdig erachtet, viel zu leiden, aber unwürdig, von Gott getröstet zu werden, wer stets an sein Sterben denkt, wer Gott bittet, daß er ihm einen zerschlagenen Geist gebe und ihn mit Tränenbrot speise, wer sich so verhält, als ob er heute noch sterben müßte, wer sich als elenden törichten Sünder sieht, wer sich zum Leiden anschickt und sein Kreuz tragen will, wer alle weltliche Freude für eitel und schändlich hält ...« (der ist reif für die geheimnisvolle Botschaft vom Gekreuzigten Gott und dafür, sein Kreuz auf sich zu nehmen ..., E. S.).
»Warum fürchtest Du denn, das Kreuz zu leiden, durch welches man in das Reich Gottes kommt? Im Kreuz ist das Heil, im Kreuz ist das Leben, im Kreuz ist Beschirmung vor den Feinden, im Kreuz ist Fülle himmlischer Süßigkeit, im Kreuz ist des Gemütes Stärke, im Kreuz ist Freude des Geistes, im Kreuz ist höchste Tugend, vollkommene Heiligkeit. Es gibt kein Seelenheil [...] denn im Kreuz.«[3]

Verbreiteter christlicher Spiritualität entspricht es auch heute noch, das Verharren im Leiden sehr viel weniger verdächtig zu finden, als z. B. die Verwirklichung freudespendender Liebesbeziehungen, die nicht von masochistischer »Hingabe« und leidvoller Unterwerfung geprägt sind, sondern vom Eros als machtvoll verwandelnder Kraft, die zum nötigen Widerstand gegen die herrschenden Väter-Autoritäten und andere Herr-schaften inspiriert.

Wer den in allen Kirchen und vielen öffentlichen Einrichtungen hängenden gekreuzigten Gott anbetet, wird möglicherweise nicht umhin können, unbemerkt eine sado-spirituelle und nekrophile (den Tod verherrlichende) Glaubenshaltung zu entfalten. Wie sonst sollte sie oder er den Anblick dieses grausam gefolterten Gottes seelisch verkraften können? fragen feministische Theologinnen. Ich erinnere mich, wie ich als kleines Mädchen in haltloses Schluchzen ausbrach, als man mir zum ersten Mal von der Passion und Kreuzigung Jesu erzählte. Als erwachsene Christin dagegen ertrug ich den Anblick dieses toten Gottes ohne zu klagen und mich zu empören. So wie ich auch die Filme und Bücher und die täglichen Nachrichten, die von nicht enden wollenden Greueltaten und Grausamkeiten in aller Welt künden, scheinbar mühelos ertrage. Es hat den Anschein, als ob unsere Kultur und Gesellschaft es ausgesprochen heroisch findet, tränenlos und »cool« solche den Körper und die Seele quälenden Erzählungen, Bilder und Handlungen zu erdulden.
Wenn, wie amerikanische Feministinnen behaupten, das Symbol die Botschaft ist (the symbol is the message), stellt sich die Frage, was sich in den Seelen von Christinnen und Christen abspielen mag, die unter dem Symbol des Gekreuzigten Gottes das Abendmahl feiern? Enthalten Leib und Blut eines toten Gottes nicht Leichengift? Gibt es eine unerkannte Seelen- bzw. »Gottesvergiftung« (Tilman Moser) im Christentum, die wir nur nicht bemerken, weil wir allzu sehr an das Symbol des toten Gottes und an Leiden, Quälen und sado-spirituelle »Erbauung« in unserem Alltag gewöhnt sind?
Christen stellen gegen diese vehemente Kritik am Gekreuzigten Gott das Symbol des Auferstandenen, und hoffen, daß er im Hintergrund dafür sorgt, daß das Leben siegt. Doch ist es nicht auffällig, daß nicht das Symbol des Auferstandenen und ebenfalls nicht das des *lebendigen Jesus* das zentrale christliche Symbol darstellt, wie z.B. in den christlichen Urgemeinden[4], sondern das des toten Gekreuzigten? Und können schockierenderweise die Theologen mit dem gekreuzigten nicht durchweg sehr viel mehr anfangen als mit dem lebendigen und auferstandenen Jesus? Auferstehung sei nichts fürs Praktische hatte schon Immanuel Kant gesagt. Wer wie Jürgen Moltmann von Jesu »Hingabe an die Verwerfung durch den Vater« spricht oder wie Helmut Gollwitzer und Ernst Käsemann von der Einwilligung in den Willen des Vaters, der nicht lebendig mache, ohne zu töten, setzt eine substanzielle Priorität bei der Kreuzes- und Todestheologie, nicht bei der Lebens- und Auferstehungstheologie. Dies hat seinen Grund in einem Mißverständnis von Auferstehung, das die Entfaltung einer sinnvollen theologia

resurrectionis schwer behinderte[5], ebenso wie in einem als Herrschafts-Symbol mißverstandenen Kreuz, das erst mit dem Staatschristentum (im 4. Jahrhundert n. Chr.) zum be-herr-schenden Sinnbild wurde. An zwei Beispielen möchte ich die Einstellung der herrschenden Kreuzes-Theologien zum Vater-Sohn-Verhältnis im männlichen Bild von Gott verdeutlichen. Jürgen Moltmann meint:

»Daß Gott seinen Sohn dahingibt, gehört zu den unerhörtesten Aussagen des NT; wir müssen das »Dahingeben« im Vollsinn verstehen und nicht zu »Sendung« oder »Geschenk« abschwächen. Hier ist geschehen was Abraham an Isaac nicht zu tun brauchte: Christus wurde vom Vater in voller Absicht dem Schicksal des Todes überlassen; [...] Christus ist der Verfluchte Gottes [...] hier kommt theologia crucis zur Sprache, wie sie radikaler nicht sein kann.«[6]

Helmut Gollwitzer schreibt:

»So ist er (Jesus) doch den Weg des Kreuzes gegangen, keinen Augenblick meinend, daß dies ihm nur von der bösen Welt, von den Juden, von seinen Hassern angetan wird, sondern in einem steten Wissen: sie alle können mir nichts tun, wenn Gott mir's nicht antäte, wenn's der Vater mir nicht auferlegte [...] Und nun sagt er zu dem, der ihm das antut: »Vater«. Es gibt kein Wort, das in gleichem Maße ein Einverständnis, die innerste Einwilligung dessen, der da geschlagen und getötet wird, in den Willen dessen, der ihn schlagen und töten läßt, ausdrückt: »Vater«!«[7]

Die Identifikation mit diesem christlichen Gottesbild ist für Frauen verhängnisvoller als für Männer, weil das Patriarchat den Frauen von vornherein die Opfer- und Ohnmachts-Rolle zuweist, und ganz selbstverständlich von ihnen SELBST-aufgabe und -verleugnung erwartet. Der Gekreuzigte Gott, der angeblich widerstandslos in sein Leiden einwilligt, eignet sich nur allzu gut als Vorbild für die vielen sinnlosen Opfer, die Frauen und natürlich auch Männer im Patriarchat erbringen, und die sich oftmals im Erhalten zerstörerischer Verhältnisse erschöpfen, aber keinen heroischen Impuls für lebensnotwendige Veränderungen und Umwandlungen ausstrahlen.

Die frauen- und lebensfeindlichen Seiten des Christentums machen es vielen feministischen Theologinnen schwer, die biophilen Züge im christlichen Gottesbild aufzuspüren und angemessen zu würdigen, also den barmherzigen, liebevollen, lebenschützenden, guten Vater und den um der Errichtung einer Kultur der Liebe willen leidenden, sich heroisch opfernden Sohn, der das biophile Bild vom leidenden und auferstehenden Heros wieder mit Sinn füllte. Tröstlich ist in diesem Zusammenhang, daß Jesus selbst keinen Gekreuzigten Gott verkündet hat und auch nicht glaubte, sein

Vater hätte ihn ermorden lassen: schließlich hat er am Kreuz nicht gesagt: »Vater vergib Dir selbst, denn Du weißt nicht, was Du tust!«
Eigentlich wäre es die Aufgabe der Männer, endlich eindeutig leben-liebende Symbole für den männlichen Gott zu finden und das herr-schende Gottesbild von allen phallokratischen, unterdrückerischen, sado-masochistischen und nekrophilen Elementen zu reinigen. Aber offenbar können die Theologen, aber auch die Psychologen und andere Wissenschaftler dies nicht. Der Jungsche Psychoanalytiker James Hillmann gelangt z.B. über das ungläubige Staunen, daß es Aufgabe des Vaters sei, den Sohn zu verraten, weil das Verratserlebnis in den Bereich des männlichen Mysteriums gehöre[8], nicht hinaus. Dieses Pseudo-Mysterium, diese Mystifikation und Verschleierung der wirklichen Verhältnisse, als Folge patriarchaler Beziehungsstörungen zu begreifen, ist auch dem patriarchatskritischen Klaus Theweleit nicht möglich, der nur anmerkt, wie seltsam es doch sei, daß so oft ein leidender Sohn im Zentrum wissenschaftlicher Konstruktionen stehe[9], aber keine weiterführende Einsicht dazu formuliert.
Deshalb erwarten einsichtige Männer viel von ihrer selbst bewußt gewordenen Frauen.

1.1 Thesen zur Kritik am männlichen Bild von Gott

1. Das jüdisch-christliche Gottesbild ist einseitig männlich. Die »Weiblichkeit« dieses Gottes, z.B. weibliche Symbole, Weisheitslehren und Göttinbilder wurden ihm einverleibt und untertan gemacht. So hat sich das geflügelte Wort entwickelt, »Gott sei im Mann zu kurz gekommen« (Inge Wenck).

2. Dieses männliche Gottesbild enthält erschreckend grausame, lebens- und liebesfeindliche Züge, die sich besonders in einer zerstörten, durch Unterwerfung und Gehorsam gekennzeichneten Beziehung des Menschen zu Gott, zwischen Vater und Sohn, Mann und Frau und des Menschen zu sich selber und seinen Lebensbedingungen zeigt.

3. Die Vorstellung von einem allmächtigen Herrn, der alles hervorbrachte und dem alles untertan sein soll: »Ich bin der Herr, Dein Gott, Du sollst keine anderen Götter haben neben mir«, ist unhaltbar. Sie zeugt von Größenwahn und erzeugt denselben, d.h., sie stützt den männlichen »Gotteskomplex«, der nach Horst Eberhard Richter allerdings nur in dem neuzeitlichen Versuch der Männer bestehen soll, sich selber an die Stelle dieses

Allmachts-Gottes zu setzen. Doch diese Deutung geht fehl. Sie übersieht, daß seit ca. 3000 Jahren Männer ihre Allmachts- und Ohnmachts-, ihre Omnipotenz- und Impotenz-, ihre HERRscher- und KNECHTS-Phantasien in ein entsprechendes Gottesbild projizierten bzw. umgekehrt: ein Gottesbild vorfanden, das die persönliche Identifizierung und die Rechtfertigung ihres EGO-Bildes durch ein entsprechendes Gottesbild nahelegte.

4. Der Allmachtsvater erregt Schrecken und Furcht; denn wer sich seinem Willen nicht unterwirft, wird bestraft. Nicht nur, aber wohl auch, um dies zu vermeiden, beten wir: »Dein Wille geschehe!« Dennoch soll ein Gott, der uns züchtigt, wenn er uns liebt, von uns geliebt werden, was in der Forderung »Du sollst Gott, Deinen Herrn, fürchten und lieben!« ausgedrückt wird. Da angstbesetzte Unterwerfung mit vertrauensvoller Liebe absolut unvereinbar ist, fördert dieses Gottesbild die patriarchale Liebeszerstörung.

5. Wer an diesen Gott glaubt, gerät in Konflikte und unlösbare Widersprüche. Denn entweder glaubt man an einen liebenden Vatergott, der niemals seinen Sohn verraten und töten würde oder an einen sadistischen Vater, der nur einen kraftlos leidenden Sohn als Ergänzung duldet. Dieses Gottesbild zwingt den Gläubigen also zumindest partiell eine sado-spirituelle und absurde Glaubenshaltung auf.

6. Wir brauchen neue, lebenspendende Bilder und Symbole für das Göttliche. Das Paradox, demzufolge man sich von Gott kein Bild machen dürfe (gemeint sind im 1. Gebot damals vor allem die Göttinnen-Statuen), während man uns gleichzeitig mit männlichen Bildern von Gott überschüttet, muß als irrationalistische Zumutung erkannt und abgelehnt werden. Abgesehen davon wäre ein unsichtbarer, bild- und symbolloser Gott auch unerkennbar, unerfahrbar und unkritisierbar; denn unsere Seele bzw. unser Unbewußtes »denkt« nur in Bildern.

7. Die Verquickung von gewalttätigem, lebensfeindlichem und liebevollem, lebenliebenden Geist, von Biophilie und Nekrophilie, die typisch ist für patriarchal-christliche Spiritualität, ist unzulässig. Daher geht es um eine bewußte Entscheidung gegen die patriarchalen Seiten im herrschenden Gottesbild, das verwandelt und auf biophile Füße gestellt werden muß. Ein gewandelter Gott wird es nicht nötig haben, die Göttin und weibliche Erotik auszuklammern, totzuschweigen oder sich besitzergreifend einzuverleiben. Er wird sie, anstatt sie zur großen Sünderin (Eva)

oder zum Sklaven des Herrn (Maria) zu erniedrigen, lieben – und so ein Symbol für liebende Verbundenheit sein – nicht nur zwischen den Geschlechtern.

2. Die Wiederkehr der Göttin

2.1 Die Göttin in feministisch-theologischer Sicht

Die Göttin ist für alle Theo-logien, Theo-logen und Theo-loginnen eine Zumutung. Dies kann nur unumwunden zugegeben werden. Die Göttinfrage ist ein theologisches Politikum in einer patriarchal geprägten Religion, Kultur und Gesellschaft.
Dieser Zumutung wird auf unterschiedliche Weise begegnet. Die häufigste ist die, das Problem der mangelnden »Weiblichkeit Gottes« nicht zur Kenntnis zu nehmen. Dies war und ist die vorzügliche Lösung der jüdisch-christlichen Theologie seit 3000 Jahren.
Bei denjenigen, die sich diesem Problem überhaupt stellen (was an sich schon revolutionär ist), ist nach meiner Beobachtung die häufigste Reaktion die, weibliche und männliche Seiten des Göttlichen in einer »harmonischen« Einheit zu sehen, ohne allerdings die Dominanz des männlichen Gottes anzuzweifeln. So etwa sprach Papst Paul Johannes I. davon, daß »Gott auch unsere Mutter« sei, und Jürgen Moltmann meint, Gott sei unser »mütterlicher Vater«. Das klingt schön, doch beide Formeln sind unumkehrbar: der Papst würde sicher niemals sagen, »die Göttin ist auch unser Vater« und nach Moltmann kann Gott wohl eher nicht unsere »väterliche Muttergöttin« sein.
Die meisten Theologinnen beantworten die Göttinfrage ähnlich wie diese Theologen, wenn auch in jeweils unterschiedlicher Akzentuierung.
Catharina Halkes[10] und Elisabeth Moltmann-Wendel[11] üben, im Gegensatz zu den Männer-Theologen, herbe Kritik am einseitig männlichen Gottesbild, welches das Weibliche ausschließe und zu eng und eindimensional sei, dennoch begnügen sich beide mit dem maskulinen *Theos* und seinem *Logos* und identifizieren Gott, Mensch und ihr eigenes Nachdenken über beide mit dem positiven Männlichen, das sie offenbar erfahren. Halkes entdeckt z.B. den »Gott Israels, der sich als Gott offenbart, der mit uns geht in unserem Leben«[12] als den Befreier für »Feministische Theologen«[13], und Moltmann-Wendel glaubt »Gott in seiner Ganzheit hat den ganzen Menschen befreit«.[14]

Sicher sind bei Halkes die Theologinnen mit-gemeint und bei Moltmann-Wendel die Frauen – so wie beim »Gott Israels« und dem »Gott in seiner Ganzheit« auch die Göttin inklusiv dabei ist?
Daß selbst so mutige und kluge Frauen wie Elisabeth Moltmann-Wendel und Catharina Halkes, die der Theologie entscheidende feministische Impulse gegeben haben und denen ich auch persönlich viel verdanke, im selben Atemzug, wo sie sexistische Sprache und einseitig männliche Theologie kritisieren, dennoch den Begriff Gott und entsprechende theo-logische Implikationen beibehalten, ist die Folge tief verankerten patriarchal-männlichen Denkens in unserer Religion und in uns selbst. Dies gilt sogar für Dorothee Sölle, wenn sie auch sprachlich einen Schritt weitergeht, indem sie »die Gott« zugleich als »der Gott« verstanden wissen möchte. Doch die Einheit von weiblich und männlich, um die es geht, wird nur *die Gott* genannt, nicht *der Göttin.*
In den genannten Fällen dominieren Begriffe und Bilder von *dem* Gott bzw. *dem* Vatergott (auch wenn dieser zugleich unsere Mutter bzw. *die* Gott) und *dem* Gottessohn (auch wenn dieser, Moltmann-Wendel zufolge, unsere »Schwester« sein soll). Um dem männlichen Gott das fehlende Weibliche beizufügen, wird stets das Weibliche ins Gottesbild integriert, aber niemals umgekehrt, dem Gott ein eigenes Göttinbild vorgehalten, durch das *der Gott* sich kritisieren und verwandeln lassen könnte. Es scheint schwierig zu sein nach so vielen tausend Jahren Patriarchat, *selbständige Weiblichkeit* auf der Ebene des Göttlichen zu beschreiben und zuzulassen. So wird denn allenthalben schon das Wort Göttin und die Göttinfrage als solche vermieden und nicht gestellt. Alle diese Entwürfe sind dennoch revolutionär und stellen elementar wichtige *Stufen der Befreiung vom patriarchalen Gottesbild* dar. Aber natürlich können wir dabei nicht stehen bleiben. Dies wird deutlich, wenn wir biblische und andere Traditionen nach ihrer Einstellung zur Göttin befragen.

2.2 Eine Anmerkung zur Göttin im Alten Testament

Wer das Alte Testament aus unbefangener Sicht liest, hält es für eher zweifelhaft, daß die sogenannte »Landnahme« ein nur friedlicher Vorgang der Besiedelung des Landes Kanaan durch nomadische, israelitische Stämme war, wie dies die traditionelle Sicht der Dinge sieht.[15] In der matriarchalen, friedlichen, kanaanäischen Ackerbaukultur, die die Göttin verehrte, wurden die Israeliten erst nach einem langwierigen, auch von Mord- und Gewalttaten gekennzeichneten Prozeß, heimisch. (Ich stelle mir vor, daß es in der Art dieser In-Besitznahme durchaus Parallelen gegeben haben könnte mit dem »Heimisch-werden« der Weißen im matriarchalen indianischen Nordamerika.)

Historisch gesehen wurde die dreifaltige Göttin und ihr Kult (der als bloßer Fruchtbarkeitskult verachtungsvoll abgewertet wird) in harten Kämpfen und langen Auseinandersetzungen von patriarchalen Göttern besiegt, ausgemerzt oder einverleibt. Aus dieser Sicht liest sich das AT als spannendes Dokument eines jahrhundertelang währenden Kampfes zwischen männerdominiertem Jahwekult, den auch ausschließlich Männer praktizieren durften, und weiblich orientiertem Göttinkult, den Frauen *und* Männer *gleichberechtigt* ausübten. Die Göttin Anat, Ashera, Ishtar, Demeter, Kore usw. hat viele Namen, obwohl sie universell und überall dieselbe ist: sie ist dreifaltig als Tochter/Mutter/Weise Alte in Analogie zu den drei Mondphasen und ihr zugeordnet ist der Heros, der die Stadien menschlicher Entwicklung symbolisiert (s.u.). Etwa zwei Drittel der vor-exilischen Zeit des Volkes Israel existierten Göttin- und Jahwe-Kult nebeneinander in einer mehr oder weniger gespannten Beziehung, bis die Anhänger des Jahwe-Kultes, ab 500 v.Chr., endgültig Monopolansprüche erhoben, den Göttinkult verboten und ihre Anhängerinnen und Anhänger umbrachten.[16] Matriarchale Weisheit, Rituale und Symbole, die zur Zeit des Königs Salomo noch prinzipiell geschätzt wurden (vgl. z.B. das dem König Salomo zugeschriebene »Hohe Lied«, das ein patriarchal überarbeitetes Kultlied der Göttin Ishtar ist, s.u., und die »Sprüche Salomos«, die patriarchal überformte matriarchale Weisheit darstellen), wurden um des um seine Einzigartigkeit kämpfenden Jahwe willen immer mehr abgewertet, nicht mehr zur Kenntnis genommen und ausgelöscht.

Der Eliminierung der Göttin und ihres Kultus entsprach die reale Entrechtung und Unterordnung der Frau unter den Mann und die Unterdrückung weiblicher Werte und Spiritualität.[17] Seit die Frau zum Eigentum des Mannes geworden war, rangierte sie fomaljuristisch auf einer Ebene mit anderem männlichen Eigentum: Haus, Weib, Knecht, Magd, Ochsen, Esel oder alles, was *sein* ist (2. Mose 20,17). Das Verbot, diese Dinge zu begehren, kann sich daher nicht an die Frau richten, da sie auf die Seite der begehrten Objekte, nicht des begehrenden Menschen gehört: dieses Verbot ist nicht umkehrbar. Dies kommt sehr treffend in einem jüdischen Witz zum Ausdruck, den ich hier erzählen möchte, um mich (und vielleicht auch die Leserin und den Leser, die wie ich empfindet) von der furchtbaren Wut, die immer wieder in mir hochsteigt, wenn ich mir die naive und brutale Frauenfeindlichkeit der jüdisch-christlichen Religion vor Augen führe, etwas zu befreien:

Ein Jude kommt zum Rabbi und sagt: »Die Thora hat ein Loch!«
»Nein«, antwortet der Rabbi, »welche Idee! Die Thora hat doch kein Loch!«
»Doch«, sagt der Jude, »die Thora hat ein Loch«.
»Gut«, sagt der Rabbi, »dann erzähl mal«.
»Nu«, sagt der Jude, »es steht doch geschrieben, Du sollst nicht begehren Deines Nächsten Vieh, Weib, Haus usw.«
»Ja, und?« sagt der Rabbi.
»Ja«, sagt der Jude, »und wo steht geschrieben, sie soll nicht begehren ihres Nächsten Mann?«
Der Rabbi stutzt, wird nachdenklich und klärt das Problem.
Nach einer Weile antwortet er: »Nu, soll sie doch begehren, wenn er schon nicht darf!«

Eine so humorvolle, großzügige und frauenfreundliche Lösung ist historisch gesehen nicht immer gewählt worden. Es war vielmehr üblich, einen Mann, der das Eigentumsrecht eines anderen jüdischen Mannes durch Ehebruch verletzt hatte, ebenso zu steinigen wie die Frau, die das Eigentumsrecht ihres Mannes verletzte (5. Mose 22,22). Ein Mann, der eine Jungfrau vergewaltigt hatte, und dabei ertappt worden war, wie er »ihr Gewalt antat«, sollte zur Strafe diese Frau heiraten (5. Mose 22,28f). Daß die Frau ihren Vergewaltiger heiraten möchte, wird vorausgesetzt. Die Steinigung ehebrecherischer Frauen scheint dabei häufiger vorgekommen zu sein als die von Männern, wenn wir den Zeugnissen aus neutestamentlicher Zeit folgen. Das Johannes-Evangelium erzählt z.B. die Geschichte, wo Jesus eine Ehebrecherin rettet (Joh. 8,1–11), indem er zu den Umstehenden sagt: »Wer unter Euch ohne Schuld ist, werfe den ersten Stein!« Ähnliche Geschichten von *Ehebrechern* berichtet das NT nicht.
Die Göttin und die Liebe, die der Göttinkult kultivierte, sind in der jüdischen Tradition allmählich zu feindlichen Gegnerinnen geworden. Jahwe duldet bekanntlich keine anderen Götter neben sich (2. Mose 20, 1, 2 und 5) – und schon gar keine Göttinnen. Der patriarchale Ehemann duldet keine anderen Männer neben sich – und schon gar keine freien, eigenständig liebenden und vom Mann unabhängigen Frauen, die *nicht* männliches Eigentum sind. Daß es gewisse Zusammenhänge und Analogien zwischen einer bestimmten Gottesvorstellung und entsprechenden zwischenmenschlichen Beziehungen geben könnte, erscheint mir auch im Fall des Gottes Jahwe evident.
Ein sehr eindrucksvolles Beispiel für die Vernichtung des Göttin-Kultes ist die Geschichte vom Propheten Elia, der vor seiner Gottesbegegnung in der Wüste vierhundertfünfzig Priester der Göttin umgebracht hatte (1. Könige 18, 22.40) und dafür verfolgt

worden war, aber von Gott, dem Herrn Zebaoth, in der Wüste ermutigt wird, weiterhin alle Baalsanhänger des Göttinkultes, auch unter den Israeliten selbst (!) zu ermorden (1. Könige 19, 1–18). Die Steinigung von Frauen und Männern, die die Göttin verehren, wird auch 5. Mose 17, 2–6 gefordert. Die »Zauberinnen« (d.h. die weisen matriarchalen Frauen) sollst du nicht leben lassen, heißt es in 2. Mose 22, 17. Die Ausrottung und Steinigung matriarchaler Wahrsager wird in 3. Mose 20, 6 und 17 befohlen. Es ist nicht abwegig, in der Ausrottung des Göttinkults und in der Unterwerfung der Frau ein Anliegen des Jahwekults zu erkennen.

Die Geschichte von Elia hatte einer der Männer, mit denen ich in einem überregionalen theologischen Ausschuß zusammenarbeite, als Beispiel für eine positive Identifikationsmöglichkeit mit biblischer Überlieferung ausgewählt. Sie gefiel den Männern gut, weil sie hier ihre Identitätsprobleme wiederfinden konnten, sagten sie. Mir fiel dazu die Theorie von Erich Neumann ein, nach der das ganze Alte Testament als ein Dokument patriarchal-männlicher Bewußtseinsbildung anzusehen sei.[18] Doch Neumann bewertet dies ganz im Sinne des herr-schenden patriarchalen Vorurteils nur als großen Fortschritt menschlichen Bewußtseins und übersieht den patriarchalen Machtmißbrauch, den eigentlichen »Sündenfall«, der mit dieser Bewußtseinsbildung einherging und von dem die Menschheit sich bis heute noch nicht wieder erholt hat (vgl. Kap. IV d. U.). Ich war und bin immer wieder ehrlich erschrocken darüber, wie wenig Beachtung und Entsetzen die vielen Morde an friedlichen Menschen, von denen das AT berichtet, bei den Forschern hervorrufen – nicht einmal die Theologen bilden hier eine Ausnahme.

Meine Mitarbeiter im theologischen Ausschuß bemerkten zunächst gar nicht, daß der Prophet Elia als Mörder dargestellt und von Gott selbst zum Morden ermutigt wird. Auch mir war dies früher entgangen. Man ist einfach zu sehr daran gewöhnt, die Bibel mit der patriarchalen Brille zu lesen und aus diesem Blickwinkel erscheint Töten und Morden gerechtfertigt, wenn es den heidnischen Kult vernichtet und den Jahwe-Kult stärkt. Das Böse muß schließlich vernichtet werden und daß der Göttin-Kult, der im Lande Ägypten und Kanaan geübt wurde, böse sei, hatte Jahwe selbst seinen Propheten geoffenbart, wie z.B. Elias Geschichte es darstellt. Das alttestamentliche Verbot zu töten hatte demnach keine universelle Gültigkeit. Es richtete sich außerdem, wie das Verbot, die Ehe zu brechen, an Männer, denen Töten und Ehebrechen offenbar zur schlechten Gewohnheit geworden waren. Dies gilt prinzipiell für alle anderen Ver- und Gebote des Dekalogs, denn Frauen waren von der aktiven Teilnahme am Jahwe-Kult ausgeschlossen (sie sitzen auch heute noch nur als Zuschauerinnen auf einer erhöhten Ballustrade in den Synagogen, säuberlich getrennt von den unten sitzenden und den Kult zelebrierenden Männern). An zwei Beispielen möchte ich die »Integration« des Göttinkults in den patriarchalen Jahwekult veranschaulichen.

2.2.1 Der Prophet Jeremia

Die »Integration« bzw. die Einverleibung matriarchaler Traditionen in das patriarchale Denk- und Glaubenssystem war langwierig und schwierig. Beim Propheten Jeremia findet sich in Kap. 44 folgender Bericht über die Auseinandersetzung zwischen Göttin-Kult und Jahwe-Kult:

15 »Da antworteten dem Jeremia alle Männer, die sehr wohl wußten, daß ihre Frauen andern Göttern opferten, und alle Frauen, die dabeistanden, eine große Menge, samt allem Volk, das in Ägyptenland und in Patros wohnte, und sprachen: 16 Den Worten, die du im Namen des HERRN uns sagst, wollen wir nicht gehorchen, 17 sondern wir wollen all die Worte halten, die aus unserm eigenen Munde gekommen sind, und wollen der Himmelskönigin opfern und ihr Trankopfer darbringen, wie wir und unsere Väter, unsere Könige und Oberen getan haben in den Städten Judas und auf den Gassen Jerusalems. Da hatten wir auch Brot genug, und es ging uns gut, und wir sahen kein Unglück. 18 Seit der Zeit aber, da wir es unterlassen haben, der Himmelskönigin zu opfern und Trankopfer darzubringen, haben wir an allem Mangel gelitten und sind durch Schwert und Hunger umgekommen. 19 Und wenn wir Frauen der Himmelskönigin opfern und Trankopfer darbringen, das tun wir ja nicht ohne den Willen unserer Männer, wenn wir ihr Kuchen backen, um ein Bild von ihr zu machen, und ihr Trankopfer darbringen …

Da sprach Jeremia: … 23 Weil ihr der Himmelskönigin geopfert habt und wider den HERRN sündigtet und der Stimme des HERRN nicht gehorchtet und in seinem Gesetze, seinen Rechten und Mahnungen nicht gewandelt seid, darum ist euch solches Unheil widerfahren, so wie es heute ist. 24 Und Jeremia sprach zu allem Volk und zu allen Frauen: Höret des HERRN Wort, ihr alle aus Juda, die in Ägyptenland sind! 25 So spricht der HERR Zebaot, der Gott Israels: Ihr und eure Frauen habt mit eurem Munde geredet und mit euren Händen vollbracht, was ihr sagt: ›Wir wollen unsere Gelübde halten, die wir der Himmelskönigin gelobt haben, daß wir ihr opfern und Trankopfer darbringen.‹

Wohlan, erfüllet doch eure Gelübde und haltet eure Gelübde … 27 Siehe, ich will über sie wachen zum Unheil und nicht zum Heil, daß, wer aus Juda in Ägyptenland ist, durch Schwert und Hunger umkommen soll, bis es ein Ende mit ihnen hat. 28 Die aber dem Schwert entrinnen, werden aus Ägyptenland ins Land Juda zurückkommen als ein geringes Häuflein. So werden dann alle, die übriggeblieben sind von Juda und die nach Ägyptenland gezogen waren, dort zu wohnen, erkennen, wessen Wort wahr geworden ist, meines oder ihres. 29 Und dies sei das Zeichen, spricht der HERR: Ich will euch an diesem Ort heimsuchen, damit ihr wißt, daß mein Wort wahr werden soll über euch zum Unheil.« (Jeremia 44, 15–29)

Die traditionelle Theologie deutet die Reaktion des Jeremia bezeichnenderweise als ironische Antwort an »die vorlauten Frauen« (!) so der bekannte Alttestamentler Wilhelm Rudolph.[19] Die Widersprüche, in die Jeremia sich hier verwickelt und die Kritik am Jahwe-Kult, die das Volk offenbar immer wieder scharf formuliert hat, wird nicht einmal im Ansatz auf ihre mögliche Berechtigung hin untersucht. Aber angenommen, das Volk spräche hier die Wahrheit und die Menschen hätten friedlich, glücklich und frei von Hunger gelebt, solange sie noch auf ihre eigene Erkenntnis (Jer. 44,17), eine Todsünde gegen Jahwe! (vgl. Gen. 3), hörten und der Himmelskönigin,also der matriarchalen Göttin, opferten (Jer. 44,17), und es träfe weiterhin zu, daß sie vor Hunger, Krieg und Unglück umkommen, seit sie sich den für sie nicht nachvollziehbaren Gesetzesforderungen Jahwes unterwarfen (Jer. 44,18), wäre dies nicht eine umwerfende Kritik am Jahwe-Kult? Wenn das Volk hier die Wahrheit sagt (und es spricht eigentlich alles dafür), dann gab es eine einfache und prägnante Formel für den Unterschied zwischen Matriarchat und Patriarchat, nämlich die Alternative zwischen Friede *oder* Krieg, Sattwerden *oder* Hungern, Glück *oder* Unglück. Falls Jeremia die Schuld für das Leiden des kanaanäischen Volkes, das über dieses hereinbrach, dem Volk selber anlasten will (warum glaubt ihr auch nicht so fest an den Herrn, daß ihr das Unglück, das er euch schickt, als verdiente Strafe des Herrn für euren mangelnden bzw. falschen Glauben anseht und nur um so unbeirrbarer an diesen Herrn glaubt?), hätten m. E. unbefangene Theologen durchaus auf die Idee kommen können, in Jeremias Antwort weniger Ironie, als vielmehr eine gewisse Form von blankem Zynismus zu erblicken. Wie Wilhelm Rudolphs Deutung erkennen läßt (s. o.), hätte aber auch dies den Beifall christlicher, patriarchaler Theologen finden können.
Auch erscheint es mir durchaus verständlich, daß ein Volk, dem ein Gott »verkündigt« wird, der bei Ungehorsam mit Unheil und Heimsuchung (Jer. 44,29) droht, diesen Gott nicht vertrauens- und liebenswürdig findet. Schließlich besitzt dieser Gott nur für das eigene Volk und nur für die unter ihnen, die sich ihm gehorsam unterwerfen, Gedanken des Friedens, nicht des Leidens (Jer. 29,11), aber alle, die anderen Propheten als den seinen glauben, verfolgt er mit »Schwert, Hunger und Pestilenz« (Jer. 29,17), so daß sie zum »Fluch, Wunder, Hohn und Spott unter allen Völkern werden« (Jer. 29,18).

2.2.2 Das Hohe Lied Salomos

Das Alte Testament tradiert ein Liebes-Lied, das in seiner subversiven Bedeutung für diesen brutalen Jahwekult bis heute so gut wie unerkannt blieb, nämlich das »Hohe Lied Salomos«. Wenn dieses Traditionsstück überhaupt ernsthaft von den Theologen gewürdigt wurde, dann allenfalls in dem Sinn, wie großartig es doch sei, daß das strenge Alte Testament auch so wunderschöne Liebeslyrik enthalte. Doch bei dem Hohen Lied Salomos handelt es sich nicht um Liebeslyrik, sondern um ein patriarchal umgestaltetes Kultlied aus einer anderen Kultur.

Wie der keiner Art von Feminismus verdächtige Orientalist Hartmut Schmökel schon 1956 nachwies (doch bis heute von den alttestamentlichen Exegeten in seiner vollen Bedeutung unbemerkt geblieben), handelt es sich beim sogenannten Hohen Lied Salomos um ein matriarchales Kultlied der Göttin Ishtar, die ihren Heros Tammuz umwirbt, um mit ihm Heilige Hochzeit zu feiern.[20] Schmökel rekonstruiert das Ishtar-Lied und kennzeichnet die patriarchalen Überarbeitungen und Entstellung. Was er herausschält, ist ein Textstück, das die ekstatische Bejahung der erotischen Liebe feiert und die heilige Vereinigung der liebenden Göttin mit ihrem geliebten Heros:

»Antwort der Göttin – Preis der Liebe«

›Unter dem Apfelbaum erweckte ich dich
wo deine Mutter dich gebar!
Leg mich wie ein Siegel an dein Herz, wie eine
Spange an deinem Arm!
Denn stark wie der Tod ist die Liebe, hartnäckig wie
die Unterwelt die Leidenschaft;
Ihre Gluten sind Gluten Gottes, ihre Flammen
Flammen Jahs[20a]
Große Wasser können sie nicht löschen,
Ströme schwemmen sie nicht fort.
Gäbe einer den ganzen Reichtum seines Hauses um Liebe,
dürfte man ihn verachten?‹[21]

»Erstes Werbelied des Geliebten«

›Wie schön bist du und wie lieblich, du Geliebte,
Wonnevolle!
Dein Wuchs gleicht der Dattelpalme, und deine
Brüste den Trauben.
Ich dachte: Ich will die Palme besteigen, fassen nach
ihren Rispen,
Und deine Brüste seien (mir) wie Trauben und dein
Hauch wie Äpfel,

Und dein Kuß wie edler Wein, der meinem Kuß
begegnet und Lippen und Zähne mir netzt!‹[22]

»Responsorium (›Liebesschwur‹)«
›Mein Liebster ist mein und ich bin sein, der
in den Lilien weidet‹[23]

Für unsere Ohren, die mehr an patriarchale religiöse Lieder gewöhnt sind, klingt dieses Kultlied befremdlich. Wir singen lieber »Ein feste Burg ist unser Gott, ein gute Wehr und Waffen ...« und »Haus, Weib und Kind, laß fahren dahin, sie haben's kein Gewinn« oder »Ein Haupt voll Blut und Wunden«. Töten, Frauenmißachtung, Leiden und gehorsame Unterwerfung sind uns vertrauter, um unsere Gottesbeziehung zu besingen als ekstatische erotische Liebe und Hingabe. Oder könnten wir uns religiöse Lieder in unserem Gesangbuch vorstellen, die eine Göttin besingen, zu der ein Gott in heiliger Liebe entbrennt, sie umwirbt und alles tut, um mit ihr die vollkommene Vereinigung zu feiern, die Heilige Hochzeit? Oder gar umgekehrt: eine Göttin, die den gewaltigen patriarchalen Gott zur Liebe bezaubert? Es ist evident, wie sehr sich die matriarchale Spiritualität des Göttin-Kultes vom patriarchalen Geist des Jahwe-Kultes und des von diesem inspirierten Christentums unterscheidet. Die ekstatische Verehrung und Heiligung der erotischen Liebe entspricht nicht dem vor-herr-schenden Geist jüdischer und traditionell-christlicher Liebeskonzeption, zum Leid der Göttin und leider Gottes. Zur Illustration dieses bedauerlichen und traurigen Sachverhalts erzähle ich abschließend eine Begebenheit aus meinem Luther-Seminar[24], wo es um das Thema christliche Liebe ging. Zwei Kirchenhistoriker, ein katholischer Priester und ein evangelischer Pfarrer, die ein Rollenspiel zwischen Maria und Luther spielten, entwickelten folgendes Dialogelement:

Priester: (als Maria)	»Lieber, verehrter Luther, eins müßtest Du wissen, das zwischen Gott und mir hatte nichts mit Unterwerfung zu tun. Es kann auch keine Rede davon sein, daß ich die niedrige Magd des Herrn bin. Nein, das zwischen Gott und mir, das war *LIEBE!*«
Pfarrer: (als Luther)	»Liebe, verehrte Maria, das magst Du glauben und das mag ja auch so sein. Aber das ist nicht schriftgemäß!«

2.3 *Eine Anmerkung zur Wiederkehr der matriarchalen Göttin im Neuen Testament und anderen Evangelien*

Im Neuen Testament kommt die Göttin nicht bzw. nur in Gestalt der Gottesgebärerin Maria vor. Dies schließt nicht aus, daß Frauen, weibliche Weisheit, weibliche Symbole, Handlungen und Werte im NT eine große Rolle spielen. Um nur einige Beispiele zu nennen: die Taube, das matriarchale Eros-Symbol der Schöpfungsgöttin Inanna, erscheint bei Jesu Berufung, Maria von Bethanien salbt Jesus zum König wie die Priesterinnen der Göttin dies taten, Jesus wird von einer Jungfrau geboren, eine matriarchale Reminiszenz an die Jungfrau- und Liebesgöttin, die den Heros gebiert, und Jesus wird mit der Schlange, dem Symbol weiblicher Weisheit und matriarchaler Göttinkulte, verglichen (Joh. 3,14). Es geht in der Jesusbewegung insgesamt um die Suche nach den Verlorenen (Arme, Außenseiter, Kranke, Kinder, Frauen), um konkretes leiblich-seelisches Heil-, Ganz-, Erlöst-, Satt- und Getröstetwerden, um Friedenstiften, um einen ins Leben integrierten Tod (nicht umgekehrt!), um Auferstehung ... Doch die Gestalt der Göttin gibt es im Neuen Testament nur als Maria, die *Magd*, genauer: den *Sklaven (*δοῦλος) des Herrn, wie es im griechischen Text heißt (Lk. 1,48).

Im Umkreis der Jesusbewegung und gewiß durch jesuanische Spiritualität bewirkt, gab es indes die bereits erwähnten gnostischen christlichen Gemeinden, wo auch weibliche Göttinnen verehrt wurden. Diese Gemeinden waren den patriarchalen Kirchenvätern, besonders Tertullian und Irenäus, ein Dorn im Auge (bei Clemens von Alexandrien war dies etwas anders, er verehrte die Gottheit durchaus als Mutter-Vater). Die gnostischen christlichen Evangelien[25] vermitteln teilweise ein anderes Bild vom Ur- und Frühchristentum als der uns vertraute neutestamentliche Kanon. Dieser Gegensatz zeigt sich besonders in der Gottesfrage. Im »Geheimen Buch des Johannes« und in der »Hypostasis der Archonten« heißt es z. B.:

... »Ich bin ein eifersüchtiger Gott und es gibt keinen Gott außer mir.« Indem er dies aussprach, bedeutete er den Engeln ..., daß es einen anderen Gott gibt; denn wenn es keinen anderen gäbe, auf wen wäre er dann eifersüchtig ...?
Dann fing die Mutter an, besorgt zu sein.«[26]

Andere erklärten, seine Mutter habe es abgelehnt, eine solche Annahme zu tolerieren:

»Der Schöpfer wurde überheblich und brüstete sich und hielt sich für erhaben über alle Dinge, die unter ihm waren, und rief aus: ›Ich bin Vater und Gott, und über mir gibt es keinen.‹ Als seine Mutter aber ihn so sprechen hörte, schrie sie auf gegen ihn: ›Lüge nicht, Ialdabaoth ...‹«[27]

»›Ich bin Gott, und außer mir gibt es keinen‹ ...
und eine Stimme kam heraus von oben aus dem Reich der absoluten Macht, die sprach: ›Du irrst dich Samael!‹ (was heißt, »Gott der Blinden«)! Und er

sagte: ›Wenn etwas vor mir existiert hat, dann soll es sich mir offenbaren!‹ Und sofort streckte Sophia (»Weisheit«) ihre Finger aus und brachte Licht in die Materie und folgte ihm nach bis in die Region des Chaos ... Und er sagte wieder zu seinem Nachwuchs: ›Ich bin der Gott des Alls.‹ Und Leben, die Tochter der Weisheit schrie auf, sie sagte zu ihm: ›Du irrst, Saklas!‹[28]

Solche feministisch anmutende Kritik am eifersüchtigen Allmachtsgott konnten die patriarchalen Kirchenväter genausowenig dulden wie die Gleichstellung der Frau in diesen christlichen Gemeinden. Tertullian sagt voller Abscheu:

»Und selbst die häretischen Weiber, wie frech und anmaßend sind sie! Sie unterstehen sich zu lehren, zu disputieren, Exorzismen vorzunehmen, Heilungen zu versprechen, vielleicht auch noch zu taufen!«[29]

Er formuliert die Antwort der Kirche:

»Es ist einer Frau nicht gestattet, in der Kirche zu sprechen, auch ist es ihr nicht erlaubt, zu lehren, noch zu taufen, noch (die Eucharistie) darzubringen, noch auch den Anspruch auf irgendwelche männlichen Dienste zu erheben – ganz abgesehen von irgendeinem priesterlichen Amt.«[30]

Daß in diesen Gemeinden die Göttin sich offenbarte und verehrt wurde, wird niemandin und niemanden verwundern:

»... (Sie ist) ... das Bild des unsichtbaren, jungfräulichen, vollkommenen Geistes ... sie wurde die Mutter des Alls, denn sie war vor ihnen allen, die Mutter-Vater (matro-pater) ...«[31]

Die gnostischen christlichen Gemeinden und die Evangelien, die aus ihnen heraus entstanden, wurden (und werden) verschwiegen, abgelehnt, bekämpft und fast total vernichtet. Ein »Zufall« bewahrte eine der koptischen Abschriften vor der endgültigen Ausrottung. Sie wurde im Jahre 1945 in Oberägypten wiederentdeckt und erst kürzlich der Öffentlichkeit zugänglich gemacht.[32]
Nach Pagels Darstellung unterschieden sich die gnostischen Christinnen und Christen nicht nur in der Gottesfrage, sondern auch in anderen wesentlichen Punkten von den orthodoxen. Ich nenne nur einige, die in der bekannten Kirchenväterpolemik gegen die Gnostikerinnen und Gnostiker weniger betont werden. Diese Christinnen und Christen glaubten, daß SELBST-erkenntnis GOTTES-erkenntnis sei, daß es die spirituelle Aufgabe des Menschen sei, sein göttliches Selbst hervorzubringen. Sie erkannten daher die Väter-Autoritäten der Bischöfe und von oben verordnete unverständliche Wahrheiten nicht an, sondern glaubten an die eigenen intuitiven Einsichten. Daher entwickelten sie auch keine hierarchisch-gewaltförmige Ordnung in ihren Gemeinden. Sie feierten Liebesmahle und verabreichten »Liebesgetränke« (sagen die Kir-

chenväter). Alles dies fand besonders bei Frauen, die hier mit den Männern gleichberechtigt lebten, großen Anklang.
Elaine Pagels, eine amerikanische Kirchenhistorikerin, die sich nicht als Feministin versteht, hat anhand der Nag Hammadi-Funde gezeigt, daß die Herausbildung des sogenannten neutestamentlichen Kanons (also den uns allein gültig erscheinenden Schriften des Neuen Testaments) das Ergebnis eines vielfältigen Aussonderungs- und Vereinheitlichungsprozesses ist, der vor allem all jene Schriften ausschloß, die sich mit dem Geist und dem Gedankengut jüdisch-christlich-patriarchaler Gemeinden nicht vereinbaren ließen. Sie wirft daher die naheliegende und beunruhigende Frage auf, ob das sich durchsetzende orthodoxe Christentum, das mit den Gewalt- und Herr-schafts-Interessen des Staates konform gehen konnte, nicht die eigentliche Häresie, d.h., vom Geist der Verkündigung Jesu abgewichen sei, und ob die als Häretikerinnen und Häretiker abgelehnten Gnostiker nicht wesentliche Aspekte wahren Christentums gelebt hätten. Diese Frage wird durch die gegenwärtige Wiederentdeckung und Würdigung weiblicher Geschichte bzw. matriarchaler Kulturen und Religionen zu einer drängenden.
Die Funde von Nag Hammadi werden es unumgänglich machen, das einseitige Bild von der bösen, dualistischen, leibfeindlichen Gnosis zu revidieren. Denn offenbar gab es im Rahmen der Gnosis nicht nur hellenistisch-patriarchale und dualistisch-körperfeindliche Vorstellungen (die sich im orthodoxen Christentum nur leider all zu gut durchsetzen konnten), sondern auch matriarchal anmutende, ganzheitliche Spiritualität.
Ein interessantes Detail, das die These von der patriarchalen »Bereinigung« christlicher Evangelien stützt, ist die erst relativ spät »verkündete« Doktrin von der leiblichen Auferstehung Jesu. Pagels weist nach, daß mit dem Zwang, an etwas glauben zu sollen, was man nicht selber einsehen kann, nämlich daran, daß nur *ein* Mann *einmal* auferstanden sei, Herrschaft aufgebaut und stabilisiert wurde.[33] Im sich durchsetzenden Christentum wurde daher der Glaube an die Wiedergeburt, der an das in der Natur erfahrbare »Stirb-und-Werde« anknüpft und der z.B. in der mythischen Vorstellung von der Höllenfahrt und Wiederauferstehung des Heros[34], einen symbolischen Ausdruck findet, historisiert, d.h., als angeblich einmaliges historisches Ereignis unverständlich gemacht.
In diesem Zusammenhang erscheint es mir wichtig, eine Entdeckung von Judith Jannberg[35] zu referieren, die herausfand, daß erst auf dem Akklamations-Konzil von 553 n.Chr. der christliche Glaube an die auch dem einfachen Volk einleuchtende matriarchale Reinkarnationsvorstellung (Wiedergeburt) durch eine hauchdünne

Mehrheit von Kirchenvätern verboten und der Glaube an die einmalige leibliche Auferstehung Jesu endgültig durchgesetzt wurde.[36] Erst nach 553 wurden alle entsprechenden Stellen aus den christlichen Lehren und Büchern ausgemerzt! Diese Entdeckung brachte Jannberg im Seminar von Kurt Lüthi[37] in Wien vor und stellte fest, daß die Theologen bis dahin nichts von dieser patriarchalen »Bereinigung« der christlichen Lehre gewußt hatten. Was werden nicht-enteignete Frauen und Männer noch alles herausfinden, wenn sie die biblische Tradition mit eigenen Augen betrachten? Frau und man darf gespannt sein. Feministische Theologie als antipatriarchale Gegenbewegung wird jedenfalls von der Ketzerinnen- und Ketzergeschichte viel zu lernen haben, wenn sie verhindern will, daß nur wieder einmal Neuer (christlicher) Wein in Alte (patriarchale) Schläuche gefüllt wird, d.h., wieder nur eine neue Variante patriarchalen Christentums entsteht.

3. Frau und Mann als Ebenbilder der Göttin – utopische Aspekte der Mythologie

3.1 Zur Frage »Göttin-Ebenbildlichkeit« von Frau und Mann

Als im Winter 1982 eine Projektgruppe anläßlich einer Tagung mit dem vielversprechenden Thema »Vision einer androgynen Kirche« ihr Forschungsergebnis vortrug, wurde mir die ganze Tragweite der Idee von »Göttin-Ebenbildlichkeit« bewußt. Denn die Frauen der Gruppe meinten, es sei unsinnig, über Weiblichkeit zu forschen und nachzudenken, weil es ja doch nur den Menschen gäbe. Ich war bestürzt und fand erst allmählich den tieferen Grund dafür heraus. Seinerzeit wunderte ich mich nur, wie mühelos diese Frauen sich mit den Menschlichkeits-Konzepten von Männern identifizieren konnten. Also wäre die Idee Charles Fouriers, nach der es das »dritte Geschlecht« geben wird, das weiblich-männliche Trennung im sächlichen Genus überwindet, das, was diese Frauen wünschen? Die Neutralisierung des Identitätsbegriffs ist überdies ganz im Sinne herr-schender Theorien. Auch Jürgen Habermas kennt nur ein abstraktes Subjekt[38], das »Ich«-Stereotyp bzw. das patriarchale Ego, mit dem Männer und Frauen, Kinder und Proletarier nach seiner Meinung angemessen übergreifend bezeichnet werden können.

Doch warum möchten Frauen ihre weibliche Identität in einer von Männern definierten Neutrum-Identität enthalten sehen? Und warum legen Denker wie Fourier, Habermas, Piaget, Kohlberg, Lacan, u.a., den Verzicht auf eine geschlechtsspezifische Identität nahe? Mir erscheint es nicht abwegig, darin eine moderne Variante des ins Unbewußte gedrungenen Vorurteils zu sehen, der Mann als Mensch könne auch für die Frau bestimmen, was der Mensch sei. Die empirischen Untersuchungen von Carol Gilligan[39] zeigen indes, daß die Identitätskonzepte und Theorien der moralischen Entwicklung (von Erikson bis Piaget) falsch, weil einseitig an der männlichen Identität orientiert sind. Denn wie David McClelland (1975) nachwies, gibt es Unterschiede in der Identitätsentwicklung von Mädchen und Jungen vom ersten Augenblick an.[40] Gilligan konnte empirisch nachweisen, daß weibliche Identität auf der Basis von »Empathie« (Einfühlungsvermögen in andere) aufbaut, die bei Jungen fehlt[41] und daß der rote Faden in der »Moral« von Frauen der Wunsch ist, andere nicht zu verletzen[42] und, im Gegensatz zu den Jungen, die Bereitschaft, moralische Urteile zu fällen, sehr gering ist.[43] »Richtet nicht (moralisch), auf daß ihr nicht gerichtet werdet« erscheint so gesehen als eine Aufforderung, die männliche Menschen sehr viel nötiger haben als weibliche. Es gibt bedeutsame, empirisch nachweisbare Unterschiede zwischen weiblicher und männlicher Identitätsfindung, die die etablierten Wissenschaften jedoch eben erst beginnen, zur Kenntnis zu nehmen. Aus diesen und anderen Gründen ist es mir wichtig, die Frage nach der »Göttin-Ebenbildlichkeit« zu bedenken.

Die matriarchalen Kulturen, in denen eine Göttin und ihr Heros verehrt wurden, und in denen nach allem, was man heute weiß, geschlechtsspezifische Identitäten gewaltfreier entfaltet werden konnten als im Patriarchat, kann überraschend deutlich werden, welche Utopien und Visionen uns im christlichen Abendland fehlen. Nach matriarchaler Auffassung haben Frauen und Männer einen gemeinsamen göttlichen Ursprung, der sie zu Schwestern und Brüdern macht – auch jenseits familiärer Blutsbande. Beide sind Geschöpfe der Göttin, d.h., Hervorbringungen der Mutter Erde und haben teil an den Eros- und Schöpfungsenergien, die sie entfalten oder auch zerstören können.

Dieser Gedanke wird im ersten Schöpfungsbericht (ca. 500 v.Chr.) strukturell ähnlich entwickelt, nur wird er hier auf den patriarchalen Schöpfergott übertragen, der kein weibliches Gegenüber mehr kennt. Dieser »Gott schuf den Menschen zu seinem Bilde ... und schuf sie als Mann und Weib« (1. Mose 1,27). Nachdem seit ca. 700 Jahren ein männliches Gottesbild, patriarchale Glaubens- und

Lebensverhältnisse und die Vor-herr-schaft des Mannes im Volke Israel etabliert waren, kann es sich hier nur um eine fiktive Gleichheit auf der Basis realer Ungleichheit handeln, die folgerichtig bis heute niemandin auf die Idee brachte, das Patriarchat abzuschaffen. Inhaltlich besagt diese Gleichheit nämlich nichts anderes, als der die patriarchale Herr-schaft erklärende und rechtfertigende 2. Schöpfungsbericht (um 950 v. Chr.), wo Eva, die »Mutter aller Lebenden«, als Geschöpf eines männlichen Gottes erscheint, der sie außerdem noch aus dem zuerst geschaffenen Menschen Adam hervorgehen ließ. Dieser Gott erschuf angeblich auch den Himmel (und die Himmelskönigin), die Erde (und die Göttin Gaia) und alles, was im Himmel und auf Erden lebt und stirbt (also auch die Göttin über Leben und Tod) – nach *seinem* Bilde! ER brachte SIE hervor, der Gott erschuf die Göttin, Adam gebar Eva aus seiner Rippe, das Männliche gebiert angeblich das Weibliche (vgl. Kap. IV).

Dies ist eine fundamentale Verdrehung und Umkehrung der an Naturvorgängen beobachtbaren Erkenntnis, daß SIE, nämlich sie, die Frau, und sie, die Erde, alles, auch ihn hervorbringt. Die neuere Forschung ergab, daß alle Embryos im Mutterleib zuerst weiblich (XX) sind und männliche Formen dadurch entstehen, daß ein Chromosom entfällt: aus XX wird XY. Die patriarchale Verdrehung der natürlichen Gegebenheiten besagt nicht nur, nicht die Göttin und ihr Heros, sondern Gott habe alles erschaffen und nicht die Frau, sondern nur der Mann könne gebären und schöpferisch tätig sein. Sie besagt überdies, sich die Erde untertan zu machen, sie niederzutrampeln« und »niederzuzwingen«, wie es in den jüdischen »Bereschit« (Anfänge)[44] heißt, entspräche einem göttlichen Befehl und in Analogie dazu sei es legitim und geboten die Frau zu unterwerfen, weil dies dem (strafenden) Willen Gottes entspräche (vgl. Kap. IV d. U.). Das Über-Unterordnungsverhältnis zwischen Gott und Göttin, Mann und Erde und Mann und Frau ist eine patriarchale Basis-Annahme, die das gesamte jüdisch-christliche Denken färbt. Doch auch unser sexistisches Alltagsdenken ist davon durchdrungen. Hätte andernfalls Jimmy Carter bei seinem Amtsantritt sagen können, er werde seine Frau als seinen verlängerten Arm benutzen, ohne dies wenigstens böse zu meinen oder als Herabwürdigung seiner Gattin?

3.2 *Die Göttin und ihr Heros – biophile Symbole weiblicher und männlicher Identität*

Die Idee einer anderen, nämlich vom Eros getragenen Religion und Kultur, nährt sich nicht nur aus der Kenntnis historisch nachweisbarer, aber längst vergangener Matriarchate, sondern auch aus anderen matriarchal zu nennenden Weltdeutungen und vor allem aus der Evidenz der Liebeserfahrung selbst, die jedefrau und jedermann macht. Den Unterschied zwischen patriarchaler und matriarchaler Einstellung zur Natur möchte ich an zwei Textbeispielen fühlbar machen, einem jüdisch-patriarchalen und einem indianisch-matriarchalen:

»Machet Euch die Erde untertan (zwingt sie nieder), herrschet über die Fische im Meer und über die Vögel unter dem Himmel und über alles Getier, das auf Erden kriecht!« (1. Mose 1,28)
»Der Acker sei *verflucht* um Deinetwillen, mit Kummer sollst Du Dich darauf nähren ein Leben lang«. (1. Mose 3,17)
»Du sollst mit Schmerzen Kinder gebären und Dein Verlangen soll nach Deinem Mann sein, und er soll Dein *Herr sein«*. (1. Mose 3,16)

Die andere Einstellung redet folgendermaßen über die Erde:

»Wir sind ein Teil der Erde, und sie ist ein Teil von uns. Die duftenden Blumen sind unsere Schwestern, die Rehe, das Pferd, der große Adler sind unsere Brüder. Die felsigen Höhen, die saftigen Wiesen, die Körperwärme der Ponys und des Menschen, sie alle gehören zur gleichen Familie. Wenn wir die Frische der Luft und das Glitzern des Wassers nicht besitzen – wie könnt Ihr sie von uns kaufen? Der weiße Mann kommt in der Nacht und nimmt von der Erde, was immer er braucht. Die Erde ist sein Bruder nicht, sondern Feind, und wenn er sie erobert hat, schreitet er weiter. Doch die Erde ist unsere Mutter ... sie gehört nicht dem Menschen, der Mensch gehört zur Erde ... Wenn wir Euch das Land verkaufen, müßt Ihr wissen, daß es heilig ist ..., Ihr müßt ihm Eure Güte geben.«[45]

Matriarchaler Geist spricht auch aus der Überzeugung der Navajo-Indianer, die glauben, die Tiere seien heiliger als die Menschen, weil sie unmittelbarer mit dem Göttlichen verbunden sind[46], nicht aber primitiver und niedriger.
Matriarchale Religionen sind Wiedergeburtsreligionen[47] und ihre Zeitvorstellung ist zyklisch, d.h. an den Jahreszeiten orientiert. Doch nicht im Sinne Nietzsches einer »ewigen Wiederkehr des Gleichen«, dieser patriarchalen Zerrvorstellung des eigentlichen Gemeinten, sondern im Sinne eines kreativen Umgangs mit der Realität der Naturvorgänge. Zyklische Zeit ist im Bild einer sich fortbewegenden Spirale zu beschreiben, die als kreisförmige Bewegung durchaus voranschreitet. Das gesamte Universum bewegt sich

spiralförmig, alles Wachstum vollzieht sich in Spiral-Bewegungen, Kinder kommen in einer spiraligen Drehung auf die Welt, unsere Fingerkuppen, der unverwechselbare Ausdruck unserer Individualität, sind spiralförmig gebildet, die Meereswellen bilden Spiralbewegungen usw. Diese Bewegung schreitet voran, ohne das zyklische Bezogensein linear zu zerstückeln und gewaltsam zu durchschneiden. Wer in Beziehung zur zyklischen Zeit der Jahreszeiten und des eigenen Lebenszyklus lebt, kann daher wohl *voran*-, nicht aber von diesen Naturvorgängen *fort*schreiten, was die zerstörerische Komponente eines linearen Fortschrittgedankens anzeigt.
Ist es also nicht weise, wenn die matriarchalen Religionen die Spirale zur Grundform ihrer Rituale und ihres an den Lebens- und Jahreszeitenzyklen orientierten Glaubens machen? Hinter den matriarchalen Religionen der Hochkulturen steht zudem ein tiefes Wissen von der natürlichen kosmischen Verbundenheit des Menschen und der Heiligkeit des Lebens. Diese Religionen waren keinesfalls, wie das patriarchale Vorurteil behauptet, primitive Fruchtbarkeitskulte, sondern weise Mythologien, die die Einheit von Mensch und Gesellschaft zu verwirklichen in der Lage waren, wie sogar Habermas in begrenztem Umfang anerkennend anmerkt.[48] Die dreifaltige Göttin dieser Religionen ist universell, und in allen Gestalten dieselbe. Die monotheistische, patriarchale Religion hat die Idee der Universalität also keineswegs entdeckt, wie Rainer Döbert meint[49], sondern »übernommen« und entstellt. Die Göttin ist nicht statisch, sondern dynamisch auf die Phasen des Mondes, der Jahreszeiten und der Lebenszyklen der Menschen bezogen. Die Jungfrau- und Liebesgöttin wird vom Neumond symbolisiert, die große Mutter vom Vollmond und die weise alte Frau, Herrin über Leben und Tod, vom abnehmenden Mond, wie Heide Göttner-Abendroth darlegt.[50]
Auf der zweiten Ebene repräsentiert der der Göttin zugeordnete Heros die mit den Jahreszeiten gekoppelten menschlichen Entwicklungsstadien. Seine Dreierstruktur umfaßt: Initiation durch die Göttin im Frühling, Heilige Hochzeit mit ihr im Sommer, Tod im Herbst und Auferstehung im Frühjahr. Männliche Götter oder nur einen männlichen Gott gab es bis ca. 1200 v. Chr. in den matriarchalen Kulturen (dem vor-dynastischen Ägypten, dem prä-hellenistischen Griechenland, dem minoischen Kreta usw.) nicht. Dieses Muster findet sich nach Heide Göttner-Abendroth in Variationen in allen europäischen Mythologien, in internationalen Zaubermärchen und in mittelalterlicher Epik.[51] Im Gegensatz zum männlichen jenseitigen Gott ist die Göttin diesseitig, sinnlich-konkret erfahrbar, fühlbar und sichtbar als die Erde, auf der wir gehen, der

Die Göttin Isis-Hathor mit Horus (Bronze, Ägypten, 8. bis 6. Jh v. Chr.)

Kosmos, den wir über uns erblicken, die Menschen, Tiere und Pflanzen, mit denen wir leben, das Wasser, das strömt, die Luft, die wir atmen, und das Netz aller geistigen, physischen, psychischen, seelischen Energien und Kräfte in uns, die uns tragen, wie uns die Erde trägt.[52] Die Göttin ist also kein »weiblicher Gott«, sondern bedeutet eine andere Einstellung zur Welt als der Glaube *an* Gott, den Herrn. Die Göttin und ihr Heros sind Symbole für die tiefe Verbundenheit aller mit dem Strom des Lebens und der Liebe.

Eine Religion und Kultur, die diese Verbundenheit und die heilenden, heiligen Kräfte unseres Unbewußten, unserer Seele, zur Entfaltung brächte (durch Rituale und Meditationen z.B., die Bewußtes und Unbewußtes verbinden) und deren Lebensformen und Lebenswelt-Strukturen die Heiligkeit des Lebens und die Sakralität der Natur[53] respektieren würden, wäre eine Kultur, die keine ein für allemal feststehenden Gesetze braucht, weil sie sich an den stets veränderbaren und sich verändernden »Gesetzen« des Lebens und liebevoller Verbundenheit orientiert.[54] Im Kraftfeld einer auf Liebe aufbauenden Kultur können auch aggressive und zerstörerische Elemente integriert und Kämpfe so geführt werden, daß diese nicht sinnlos verletzen und zerstören.

Kann Jesus nicht nur eine solche Kultur im Sinn gehabt haben, eine, wo alles erlaubt ist, sofern Frauen und Männer »in der Liebe bleiben«, wie der Evangelist Johannes sagt? Oder wie der Apostel Paulus schreibt, wo man einander nichts schuldet, außer daß man sich liebt (Rö. 13, 8) bzw. wie Augustinus formuliert, »ama et quod vis fac«, liebe – und alles, was Du willst, das tue bzw. wenn du liebst, kannst du tun, was du willst, es ist immer richtig? Eine Liebende kann aggressive Strebungen nämlich in positive Energie umwandeln. Sie kann sich öffnen, kreativ zuhören und es ist ihr einfach unmöglich, den Geliebten in irgendeiner Weise zu vergewaltigen – sofern und solange sie in der Liebe bleibt. Dies gilt auch für ihn.

3.3 *Nur die Frau hat eine weibliche, nur der Mann hat eine männliche Identität*

Der Unterschied zwischen Frau und Mann, zwischen weiblich und männlich besteht aus der Sicht matriarchaler Spiritualität darin, daß Frauen sich unmittelbar mit der Göttin, d.h. dem Eingebettetsein ins kosmische Ganze, identifizieren können, während der Mann als menschlicher Heros mit der Göttin kommuniziert und sich nicht unmittelbar mit den Symbolen der »Jungfrau-/Liebes-/Mutter- und Tod-im-Leben-Göttin« identifizieren kann und keinen unvermittelten Zugang zu weiblichen Mysterien hat: zum Gebären, zur Wandlung, zum Nähren, zum Sterben und Wiederauferstehen, kurz: zu weiblicher Weisheit. Der Mann braucht die Frau, nicht nur, um überhaupt ein Kind zu bekommen, sondern auch, um einen seelischen Zugang zur Weisheit der Kindschaft, zum Eros und zur Liebe zu erhalten, der ihn daran hindert, sich wen und was auch immer, gewaltätig untertan zu machen. Der Mann braucht die Frau allerdings nicht in ihrem patriarchalen Zustand, sondern als eine, die dieses Gefängnis verlassen und ihre eigene spirituelle weibliche Kraft wiederentdeckt hat. Mir erscheinen jedenfalls die Versuche von Männern, sich weibliche Attribute und Symbole anzueignen, ein Indiz für deren großes Bedürfnis, an weiblicher Kraft und Weisheit teilzuhaben. Dies ist vermutlich der tiefere Grund dafür, daß Juden- wie Christentum sich die weiblichen Symbole der Göttin einverleibten und nicht nur abschafften. Nicht von ungefähr tragen die Priester in der katholischen und die Pfarrer in der evangelischen Kirche weibliche Gewänder und sprechen mit ihren typischen Körperhaltungen und Gesten eine »weibliche Körpersprache« (Marianne Wex).[55]

Der Mann ist in der mythologischen »Dimension der Tiefe« (Paul Tillich) ein Heros, ein Held der Liebe, der, notfalls bis zum Heldentod und freiwilligen Selbstopfer, das Leben schützt und erhält. Dieses Symbol für matriarchale Männlichkeit kann ein neues und tieferes Verständnis der Gestalt Jesu eröffnen, denn es inspiriert zu einer neuen Vision vom Heldentum. Dieses muß sich demnach nicht darin zeigen, in masochistischer Weise den Märtyer-Tod zu suchen oder sich als Kriegsheld hinschlachten zu lassen, noch darin, als ein alle anderen besiegender Eroberer von Welten und Frauen aufzutreten. Wahres Heldentum besteht matriarchalem Denken und Jesus zufolge einzig in der Liebe, wie jede und jeder, die sich der Liebe öffnet, leicht erkennen kann. Heldentum (auch von Frauen) würde also den Verzicht auf gewaltsame Kommunikation, konkurrentielle, narzistische Ego-Darstellung und Ausbeutung bedeuten.

Der matriarchale Heros ist der Göttin zugeordnet, dem Netz aller Energien, das uns trägt, nicht aber umgekehrt, die uns tragenden Energien und die Erde dem Heros, der diese sich untertan machen dürfte. Die Weiterentwicklung des Heros zum Patriarchen-Gott Jahwe erscheint als durchaus leidvoller Irrweg angesichts der zerstörerischen Folgen, die die patriarchale Herrschaft zeitigte.

Die Göttin errettet in matriarchalen Mythen den Heros vom Tode und »bekehrt«, bezaubert ihn zur Liebe, um mit ihm die reale und zugleich sakrale, symbolische Vereinigung von Frauen und Männern, weiblich und männlich, Erde und Kosmos zu feiern.[56] Die Göttin verwandelt Sterben und Opfer durch die schöpferische Kraft des Eros in neues Leben und versteht das Leben nicht als »Sein zum Tode« (Martin Heidegger) wie überwiegend die Philosophen und Theo-logen des Patriarchats, sondern erkennt im Tod ein Element, das zum Leben gehört. Ein »ewiges Leben«, das den Tod nicht kennt, erscheint aus Göttin-Sicht als tödliches Mißverständnis.

Die Göttin wirkt Neuwerden, innere und äußere Wandlung und Wiedergeburt. Wie bereits erwähnt, knüpft die christliche Auferstehungsvorstellung ursprünglich explizit an diese Tradition an. Alle Tätigkeiten der Göttin sind also mit höchster Aktivität und schöpferischem Eingreifen und Gestalten verbunden. Es blieb dem patriarchalen Verdrehungsmythos vorbehalten, passives Sich-Fügen und -Unterordnen unter den männlichen Gott als typisch weibliche Eigenschaften der Göttin zu definieren.

Die Jungfrau- und Muttergöttin Maria, die sich vom männlichen Schöpfergeist *überschatten* läßt, sich zum »Sklaven« des Herrn erklärt und die nicht mehr weiß, daß die Jungfrauengeburt nur *symbolisch* besagt, daß ein Heros das Licht der Welt erblicken wird – auch Dschingis Khan wurde von einer Jungfrau geboren – ist ein patriarchales Göttinideal, das zum Himmel schreit.[57]

Die mythischen Bilder von der Göttin und ihrem Heros symbolisieren dagegen eine andere leben-, eros- und frauenliebende Spiritualität. Darin liegt ihre Bedeutung auch für unsere Gegenwart. Sie können der Diskussion um die Frage, was denn eigentlich weiblich und was männlich sei, wichtige Impulse geben. In dieser Diskussion herrscht eine z. T. heillose Verwirrung, die ich weder im einzelnen beschreiben, noch entwirren kann. Ich möchte nur einige Gesichtspunkte zu bedenken geben, die mir bei meinem thea-sophischen Nachdenken auffielen.

3.3.1 Identitätentausch und Frauenhaß bei Carl Gustav Jung

In der Diskussion darum, was weiblich und männlich sei, spielen die Erkenntnisse Carl Gustav Jungs eine besondere Rolle. Jung hat, und dies ist sein bleibendes Verdienst, mit seiner Theorie vom kollektiven Unbewußten, von den Archetypen und vom auf Ganzheit angelegten SELBST des Menschen die Bedeutung von Mythologien, mythischen Bildern, Märchen und Symbolen der Menschheit ebenso wie die von Traumbildern des einzelnen in ihrer heilenden Wirkung wiederentdeckt. Dies veranlaßt Jungianerinnen wie Hanna Wolff, Jungs Erkenntnisse für ein feministisches Verständnis der Gestalt Jesu fruchtbar zu machen und in Jesus den

Mann zu sehen, der seine Anima voll integriert habe und daher nicht so frauenfeindlich war wie seine jüdischen Brüder.[58] Doch wer Jungs Anima-Begriff näher betrachtet, sieht sich mit einem so erschreckenden Frauenhaß konfrontiert, daß sie die Jungsche Anima für (frauen-) befreiende Zwecke nicht ohne große Vorbehalte geeignet findet. Denn was in diesem Begriff in einer von Jung selber undurchschauten und patriarchatsimmanent nicht kritisierbaren Verfilzung vermischt wurde, ist ein Wissen von lebenspendender Weiblichkeit mit lebensfeindlichen Projektionen und »Männer-Phantasien«, denen zufolge das Weibliche das Böse schlechthin sein soll (EVA). Jungs patriarchale Vorurteile werden an offen frauenfeindlichen Aussagen ebenso deutlich wie an einer höchst merkwürdigen Vertauschung geschlechtsspezifischer Identitäten. Jung glaubt im »Besitzinstinkt der Frau« eine angeborene Deformation zu erkennen, die der Mann nicht hat.[59] Trotzdem, sagt er, könne man den Frauen nicht eo ipso ein inferiores Bewußtsein zusprechen, es sei nur anders als das männliche. Der faszinierende Einfall Jungs, der Frau eine eigene, nicht-männliche Identität zuzugestehen, wird allerdings durch den Zusatz »eo ipso« zu einer Kränkung; denn heißt dies nicht, die Frau habe zwar nicht von vornherein, aber irgendwie doch ein mangelhaftes Bewußtsein? Das männliche Bewußtsein wird zwar nicht inferior genannt, hat es aber nach Jung doch nötig, durch die weibliche Anima kompensiert zu werden: Die Anima »ist als ein Feminium (eine) ausschließlich das männliche Bewußtsein kompensierende Figur«.[60] Der männliche Animus der Frau hat andere Aufgaben als die Anima:

»... wie der Mann sein Werk als ein ganzes Geschöpf aus seinem inneren Weiblichen hervorgehen läßt, bringt das innere Männliche der Frau schöpferische Keime hervor, welche das Weibliche des Mannes befruchten mögen«[61]

Dies ist einer der Sätze, die den Verdacht nahelegen, der Animus der Frau sei ebenso wie die weibliche Anima exklusiv für den Mann und dafür da, sein (defizitäres?) Bewußtsein zu kompensieren. Dies mag für den Mann angenehm sein, zumal es ihn so fruchtbar macht, daß er eigene Werke als ganze Geschöpfe hervorbringt (die Gebärsymbolik läßt ein verschwiegenes Männerproblem erahnen: den Gebärneid des Mannes). Doch wo bleibt die Frau? Der Animus, den sie besitzen soll, wird durch die Anima des Mannes zwar inspiriert, aber doch vor allem, um dadurch die weiblichen Keime in der Seele des Mannes zu befruchten! Was Jung außerdem noch über den Animus sagt, dürfte bei keiner Frau (und in Männern schon gar nicht) die Sehnsucht wecken, einen solchen zu besitzen:

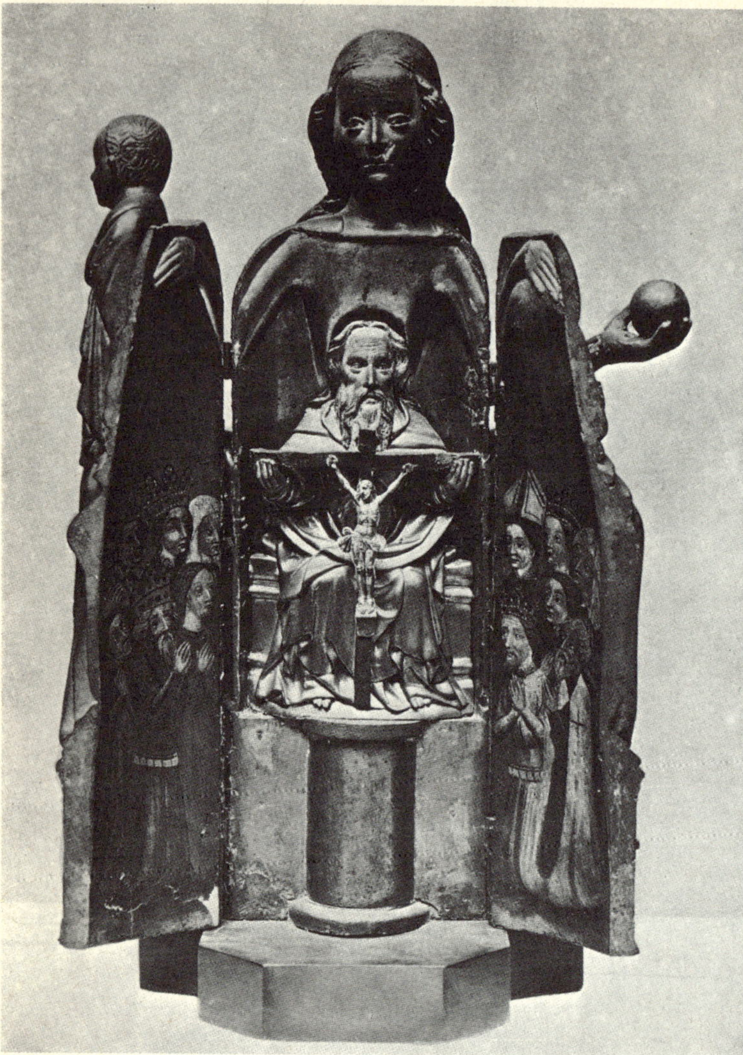

»Vierge Ouvrante« (Bemaltes Holz, Frankreich, 15. Jh.) als Große Mutter, die Gott-Vater und -Sohn in sich birgt

»Der Animus ist eine Art Versammlung von Vätern und Autoritäten ... seine Meinungen sind stets kollektiv und übergehen Individuen und individuelle Beurteilung ... diese Meinungen haben für den Mann – insofern die Frau hübsch ist – etwas rührend Kindliches, welches ihm zu einer ihm wohltätigen, bevaternden Lehrhaftigkeit verhilft ...«[62]

Ansonsten sind die Meinungen aber

»hauptsächlich irritierend wegen ihrer schlechten Begründung ... Und daher pflegen Männer giftig zu werden, denn es ist eine unerschütterliche Tatsache, daß der Animus immer die Anima hervorlockt, wodurch jede weitere Diskussion aussichtslos wird.«[63]

Dies heißt im Klartext: sie macht ihn scharf wie seit EVAs Zeiten und dies raubt ihm den Diskussions-Verstand, woran die Frau »natürlich« schuld ist. Bei den intellektuellen Frauen ist dies nicht etwa besser, bei ihnen

»... veranlaßt der Animus ein intellektuell und kritisch sein sollendes Argumentieren ..., das aber im wesentlichen darin besteht, einen nebensächlichen schwachen Punkt zu seiner sinnwidrigen Hauptsache zu machen. Oder eine an sich klare Diskussion aufs heilloseste zu verwickeln durch schiefe Gesichtspunkte«. »Ohne es zu wissen, zielen solche Frauen bloß darauf hin, den Mann zu verärgern, womit sie dann dem Animus um so völliger verfallen«.[64]

Die animusgesteuerte Frau interessiert sich außerdem nur für das Naheliegende, während der Mann sich über die Weltprobleme den Kopf zerbricht.[65] Dieses Naheliegende kann der Jungschen Beschreibung von Anima und Animus zufolge nur sein, das männliche Bewußtsein zu kompensieren und die weiblichen Keime in der Seele des Mannes zu befruchten, also: DER MANN. Muß dieser Animus nicht jede Frau zum Erbeben bringen, ob Feministin oder nicht, und zwar weniger vor Begeisterung als vor Wut?
Die positive Seite des Animus ist der Logos, die Bewußtheit, die durch Trennung von der Mutter entsteht und zur Entwicklung des männlichen Geistes führt:

»Es gibt keine Bewußtheit ohne Unterscheidung von Gegensätzen. Das ist das Vaterprinzip des Logos, der sich in unendlichen Kämpfen der Urwärme und der Urfinsternis des mütterlichen Schoßes, eben der Unbewußtheit, entwindet.« »Unbewußtheit ist die Ursünde, das Böse schlechthin für den Logos. Seine weltschöpferische Befreiungstat ist Muttermord, und der Geist, der sich in alle Höhen und Tiefen wagte, muß ... auch die göttliche Strafe erleiden, die Fesselung an den Felsen des Kaukasus.«[66]

Dies ist eine hellsichtige Beschreibung patriarchal-männlicher Ideologie. Die Gegensätze, die das Vaterprinzip hervorbringt, sind keine miteinander verbundenen Polaritäten, sondern feindselige

und dualistische Antagonismen. Sie entstehen durch Mord an der Mutter und bestehen in endlosen Kämpfen, deren Lohn nicht etwa Glück, Liebe und Erlösung sind, sondern die Verewigung unentrinnbaren Leidens. Die Qualen des Tantalos sind dafür ein ebenso sinnreiches Symbol wie der Gekreuzigte Gott des Christentums: beide sind festgenagelt und leiden ausweglos, auch der Gekreuzigte kann erst *nach* seiner Auferstehung, also im Jenseits, Erlösung und Freude erfahren. Dies sind anschauliche Versinnbildlichungen patriarchaler Leidensverhältnisse. Doch die ungelöste Frage bleibt, warum diese Zustände ver-herr-licht und diese Symbole akzeptiert und sogar verehrt werden und warum die wahre Ursache dieses masochistischen Leidens, nämlich die Zerstörung des Mutterprinzips der Liebe zum Leben, nicht erkannt werden darf oder kann?
Nach Jung ist die Ursünde und das Böse schlechthin nicht der Muttermord und die Zerstörung am Mutter-Prinzip orientierter Lebensverhältnisse, diese erscheint vielmehr unvermeidlich, sondern die Unbewußtheit, womit er das Eingebundensein in das Lebens-»Gesetz« der Mutter meint. Der Mord an dieser Mutter und die Abschaffung des mütterlichen Liebesprinzips erscheinen nötig, weil der Mann sonst nicht alle Höhen und Tiefen der Welt- und Selbstzerstörung durchleiden könnte und die damit verbundenen Erkenntnisse ihm verschlossen bleiben würden. Daß männliche Bewußtwerdung auch dies meint, wird offenbar und evident, wenn Muttermord als »schöpferische Befreiungstat« verherrlicht werden kann.

Jung lokalisiert das Böse in der Mutter, in der Frau, im Weiblichen, und reproduziert so das Vorurteil, Eva sei schuld an der Sünde in der Welt – diese mit nie ermüdender Penetranz wiederholte patriarchale Rechtfertigungsfigur abendländischer Meisterdenker. Die nahezu erotische Intensität, mit der auch Jung diesen Gedanken entfaltet, erklärt sich für mein Gefühl aus fehlgeleiteter Liebes-Erotik, nämlich dem Haß. Der abgrundtiefe Haß auf alles Weibliche trübt Jungs Blick und verunmöglicht es ihm, die auf der Hand liegende Folgerung zu ziehen, daß die Verhältnisse von Gut und Böse auf den Kopf gestellt werden, wenn das Vaterprinzip, das Morden und unentrinnbares Leiden bedeutet, als »heroisch« und »schöpferisch« bezeichnet wird, das schöpferische Mutterprinzip hingegen, das aus sich heraus schaffendes Leben meint, aber als böse Unbewußtheit. Denn immerhin ist auch Jung zufolge die weibliche Anima der »Archetypus des Lebens schlechthin«[66a], etwas »Lebendes aus sich, das uns leben macht«[67], »etwas Wunderbares und Unsterbliches«.[68] Hier beschleicht einen eine Ahnung davon, welche Mißachtung des Lebens patriarchale Geistigkeit beinhaltet und in welch engem Zusammenhang diese Verachtung mit dem Haß auf Frauen steht, die das Leben aus sich sichtbar hervorbringen. Was Jung dieser wunderbaren Anima an negativen Eigenschaften beilegt, nämlich sie sei »irrational elfischer Natur«, »chaotischer Lebensdrang«[69] »sich in enervierender Weise an älteres Menschtum haltend«[70], eine »grausam mit menschlichem Schicksal Spielende«[71] und repräsentiere das »Nicht-Ich«[72] des Mannes, bedeutet im Zusammenhang seiner Verdammung der Unbewußtheit (die er vom Unbewußten unterscheidet?) und seiner sonstigen Äußerungen über die Frau eine kaum faßliche Abwertung der Anima. Über Frauen, die Mary Daly »frauenidentifizierte« nennen würde, und die Jung eine »Nur-Tochter« nennt, denkt Jung so:

»... die Leere (ist) ein großes weibliches Geheimnis. Sie ist das dem Manne Urfremde, das Hohle, das abgrundtief andere, das Yin. Die mitleiderregende Erbärmlichkeit dieser Nullität (ich rede hier als Mann) ist leider – möchte ich fast sagen – das machtvolle Mysterium der Unfaßbarkeit des Weiblichen.«[73]

Sätze wie diese können nicht interpretiert werden, sie sind zu eindeutig und zu schrecklich. Es erscheint mir jedenfalls angesichts solcher Äußerungen abwegig, den Frauenhaß Carl Gustav Jungs nur als unwichtige zeitgebundene Randerscheinung seiner Theorie zu sehen, wie viele Jungianerinnen und Jungianer dies tun; denn was bleibt übrig von einer lebenschaffenden Göttin-Anima, die zugleich als böse, elfische, grausame, weibliche Nullität und Nicht-Ich des Mannes erscheint? Daß der Mann in Konflikte mit dieser Anima gerät, ist unvermeidlich:

»Die Anima tritt uns (in unserem persönlichsten Leben) nicht mehr als Göttin entgegen, sondern unter Umständen als unser allerpersönlichstes Mißverständnis oder unser bestes Wagnis.«[74]

Zum Leid der Göttin wird dieses beste Wagnis in Verbindung mit undurchschautem Frauenhaß und patriarchalen Vorurteilen fast unvermeidlich zum Mißverständnis. Auch leider Gottes.
Nach allem, was Jung über Anima und Animus sagt, ist es undenkbar, daß nur der Mann eine Anima haben soll, also Seele, Unbewußtes und das Leben Hervorbringendes, aber auch das Böse schlechthin. Noch überraschender ist aber, daß die Frau einen Animus besitzen soll, also die verinnerlichten Väter-Autoritäten, aber auch den Vater-Logos. Es ist evident, daß in der Anima weibliches SELBST-Sein und im Animus männliches SELBST-Sein beschrieben wird. Doch warum hat Jung die Identitäten vertauscht? Im Zusammenhang mit patriarchatskritischen Überlegungen erscheint dies als Ausdruck der Ent-eignung von Frauen, die nur durch den Mann etwas sind, ohne diesen aber eigentümlich

leere, erbärmliche Nicht-Ichs, »Nullitäten«. Die weibliche SELBST und weibliche Energie (Gynergie) ist im Besitz des Mannes, die Frau hat dafür den Väter-Animus, also die von Männern produzierte Unterdrückung durch Autoritäten eingetauscht. Unerklärt bleibt nur, warum Jung unterstellt, die Frau besäße männlichen Geist und Logos. Könnte dies die Folge des Zugzwangs sein, unter den ihn die okkupierte Anima setzt? Denn wenn Jung offiziell (und nicht nur indirekt) die Anima *und* den Animus, also den Vater-Logos, nur dem Mann zuerkannt hätte, wäre die Enteignung weiblicher Identität zu offenkundig bzw. überhaupt erkennbar geworden.
Wenn frau den Identitätentausch rückgängig macht und zwischen matriarchaler und patriarchaler Deutung von Weiblichkeit und Männlichkeit differenziert, entdeckt sie bei Jung erstaunliche Wahrheiten. *Wenn* die Frau sich ihre Anima, die sogar bei Jung in einer Dimension die Göttin ist (s.o.), und *wenn* der Mann seinen Animus vom Vater-Logos befreit und sich die Dimension des sich in der Großen Mutter erneuernden »Heiland-Heros« wiederaneignet, der nach Jung eine Frucht des Eingehens der Libido in die mütterliche Tiefe des Unbewußten ist, lösen sich alle Widersprüche in Jungs Definition auf und wir entdecken die matriarchale Göttin-Herosstruktur. Dies ermöglicht es, zwischen *matriarchaler Weiblichkeit* als lebenschaffendem Eros-Prinzip und *patriarchaler Weiblichkeit* als ein dem Väter-Animus unterworfenes Nicht-Ich bzw. enteigneter Weiblichkeit zu unterscheiden. Ebenso kann *matriarchale Männlichkeit* im Sinne eines auf das Leben bezogenen und dieses schützenden Heldentums von patriarchaler Männlichkeit unterschieden werden, aufgrund der der Mann in zerstörerischer Selbstüberschätzung glaubt, ER sei nicht von der göttlichen Mutter Erde hervorgebracht, sondern das Geschöpf eines unleiblichen omnipotenten Geist-Vaters, dem alles untertan sei, und es sei eine »Befreiungstat«, die Göttin auszurotten, die Mutter zu ermorden und die Frau, die Natur und das Weibliche zu unterwerfen. Bei patriarchatskritischer Betrachtung legen die Jungschen Gedanken die Folgerung nahe, es könne sinnvoll sein, das (mutter-) mörderische Vater-Logos-Prinzip, das in unentrinnbares Leiden mündet, vom lebenspendenden Mutter-Liebes-Prinzip, das Leiden und Tod umwandeln kann, zu unterscheiden.
Eine Frau, die sich ihre Anima im Sinne der wiederentdeckten Göttin aneignete, d.h., die auch sich selber und andere Frauen und nicht nur exklusiv Männer inspirierte, und ein Mann, der zum liebesfähigen, sich in der Großen Mutter erneuernden »Heiland-Heros« würde, stellen Dimensionen einer konkreten Utopie sinnvoller Geschlechteridentitäten dar. Danach hat nur der Mann eine

männliche und nur die Frau eine weibliche Identität. Dies schließt keineswegs aus, daß Männer weibliche und Frauen männliche Seelen-Bilder vom anderen Geschlecht haben und die Charaktereigenschaften und die sozialen Rollen des und der jeweils anderen übernehmen können. Doch worauf es ankommt, ist die Differenzierung zwischen lebenliebendem SELBST-Sein und gewaltförmiger narzißtischer EGO-Behauptung. Dies gilt für das patriarchale EGO der Männer im Prinzip ebenso wie für das Ego von Frauen (doch diese müssen sich eher von der Herrscherrolle, jene eher von der Opferrolle befreien). Was wäre auch gewonnen, wenn Frauen ihre männlichen Seiten entfalten, aber dadurch nicht heilsam heroisch, sondern genauso gewalttätig und herrschsüchtig würden wie patriarchale Väter und Söhne (wie beim sogenannten »Thatcherismus«)? Und was, wenn Männer ihre weiblichen Seiten entfalten, aber dabei nicht weise und liebesfähig, sondern unterwürfige patriarchale »fem-boter« (eine Mischung aus femina und roboter, Mary Daly) würden? Es geht also darum, die herrschenden Männer-Phantasien über Frauen zu ent-patriarchalisieren und ein Männerbild zu kreieren, das den tiefen Liebesbedürfnissen von Frauen (und Männern) entspricht. Das größere Problem sehe ich allerdings darin, Frauen zu ermutigen, sich der Entfaltung des eigenen SELBST und der eigenen Phantasien von Weiblichkeit zu widmen und nicht darauf zu warten, daß Männer ihnen sagen, was weibliches Selbstsein und Erlösung vom Patriarchat ist. Dazu bedarf es nämlich des gigantischen Mutes, den Männern vorübergehend zu mißfallen, indem frau nicht nur ein eigenes SELBST-Bild, sondern auch ein eigenes, dazu passendes, Männer-Bild entwirft. Frauen und Männer können ein ganzheitliches SELBST, das weibliche und männliche Elemente integriert, entfalten. Daran zu arbeiten erscheint als lustvolle und lohnende Aufgabe, weil dies Frauen und Männern ermöglicht, einander ohne Angst vor Vergewaltigung, Qual und unentrinnbarer Abhängigkeit lieben zu können.

Alle Versuche, die Einheit von Frau und Mann anders, nämlich als Ergänzungsbeziehung zu sehen, wo *sie* nur ganz wird, wenn sie *ihn* hat und *er* auch *sie* kompensatorisch braucht, d.h., alle patriarchalen Androgynie-Ideen ver-herr-lichen nur das Unterwerfungsverhältnis zwischen den Geschlechtern, wie Jungs Definition des weiblichen Yin (die »bessere« Hälfte des männlichen Yang) als »mitleiderregende, erbärmliche Nullität«[75] anschaulich zeigt. Bei Theologinnen, die androgyne Bilder ohne Patriarchatskritik übernehmen, spüre ich den angstbesetzten Wunsch, ein allzu enges Denken, das das Weibliche ausschließt, zwar hinter sich zu lassen, aber den weltweiten patriarchalen consensus omnium trotzdem nicht aufzugeben. Ich kann diesen Wunsch nur zu gut verstehen, doch was ich gewiß weiß, ist, um es pathetisch und biblisch zu sagen, daß der Schritt in die Freiheit patriarchatsüberwindenden Neulandes unbedingt nötig und wirklich befreiend ist, denn »was hülfe es der Frau, wenn sie die ganze (patriarchale) Welt gewönne und nähme doch Schaden an ihrer Seele (›Anima‹, Göttin-Identität)?« Für christliche Frauen ist es tröstlich und ermutigend, diesen Befreiungs-Schritt als den genauen und eigentlichen Sinn des Umkehrrufs Jesu zu erkennen, der gewiß als Aufruf zur Abkehr vom Patriarchat, also von Tod-, Gewalt- und Leidverherr-lichung, und der Umkehr zum Leben und zur Liebe gemeint war.

Frauen-Religion und lebenliebende Spiritualität

1. Religion ist vor allem Verzauberung

»Kultur ist vor allem Verzauberung.«
(Jean Baudrillard)

Dieser Satz enthält einen Wunsch, der in unserer Alltagswelt nur in Ausnahmefällen erfüllt wird. Denn so wie die Natur entgeistert, entseelt und entsakralisiert wurde, wurde auch unser Alltagsleben befreit von magischem Zauber. Die patriarchale Religion und Geisteshaltung verachtet Zauberinnen, Wahrsagerinnen, Astrologen, Magier und Magierinnen. Der alttestamentarische Gott befahl, diese zu ermorden (s.v.). Jesus wurde u.a. ermordet, weil er ein Magier war, der, wie die Frauen, Heilungswunder vollbrachte und die Natur (vgl. Bergpredigt) und die Frauen (vgl. Maria und Martha, Maria von Magdala u.a.) liebte. Die Kirchenväter hingegen verdammten Frauen, die heilen, prophetisch reden und die Wunder der Liebe vollbringen konnten, verboten ihnen, ihre Künste zu praktizieren und ihre Einsichten weiterzugeben: sie wurden von den Patriarchen wirkungsvoll und dauerhaft zum Schweigen verdammt. Die weisen Frauen zu Beginn der Neuzeit (nicht etwa im »finsteren« Mittelalter!), die die weibliche Magie des Heilens, Zauberns und Wundertuns praktizierten, wurden gefoltert und als Hexen verbrannt.

Aufgeklärte Frauen und Männer des 20. Jahrhunderts glauben die Zauberei noch fester und besser im Griff zu haben als frühere Generationen. Sie be-herr-schen die Gesetze der Natur und des Lebens und haben alle Geistinnen und Geister gebannt, die sie überraschen könnten. Prophetinnen und Propheten, Künstlerinnen und Künstler, Pfarrerinnen und Pfarrer, die mit Werken und Worten andere verzaubern, sind äußerst selten. Selbst der Zauber in den Augen eines Mädchens (Johann Wolfgang von Goethe) wird einen Mann von heute meistens nur punktuell verwirren und nicht aus der Karriere-Bahn werfen oder ihn dazu bringen, die Welt und das Leben völlig neu zu sehen und alles zu verändern. Denn auch die Liebe haben wir in Ehen und sogenannten »Beziehungskisten« gut unter Kontrolle. Hier wird zwar auch »gezaubert«, aber oftmals schwarzmagisch in dem Sinne, daß die Hölle die anderen sind (Jean Paul Sartre). Und wenn die »große Liebe« sich trotz allem einstellt, endet sie nur allzu oft in neurotischer Sehnsüchtigkeit und in romantischen Obsessionen, die gerade deswegen dauern, weil es nie wirkliche Erfüllung gibt oder, wie bei den klassischen Liebespaaren, erst im Tod.

Da wir nicht nur die Natur und annähernd sogar das Universum beherrschen zu können glauben, sondern sogar uns selbst, unsere Gefühle, Wünsche und Sehnsüchte, kann uns eigentlich nichts mehr passieren, jedenfalls keine Verzauberung im Sinne Jean Baudrillards. Doch leider haben wir dadurch auch keine Kultur mehr. Der Preis für die Ent-geisterung, Ent-heiligung und Ent-zauberung der Natur, der Liebe und der Gottheit (vgl. 3.) ist eine umfassende Abwesenheit von Religion und Kultur in unserem alltagsweltlichen Leben, das uns meistens öde, stupide und einengend erscheint, im gesellschaftlichen Existieren, das stressig und energieraubend ist, und im wirtschaftlichen und geschäftlichen Leben, das eher brutal, hart und kalt als bereichernd und beglückend ist. Die sogenannte Kultur wurde in Randgebiete verbannt, in die Bereiche von Wissenschaft, Kunst und institutionalisierter Religion, die indes, von den anderen Lebensbereichen abgespalten, kaum die Alltage aller inspirieren, verzaubern und verwandeln, sondern allenfalls die Sonntage weniger, besonders gebildeter und ausgebildeter Individuen.

Die patriarchale »Kultur« als Abspaltungs- und Verdrängungs-»Kultur« ist eine Un-Kultur, die die Welt von Zauberei und Verzauberung »befreite«, und in der Magie nur noch als Aberglaube ein kümmerliches Dasein am Rande der Gesellschaft führen darf: als harmlose Zylinder-Zauberei auf Rummelplätzen oder aber als schwarze Magie sinnlosen Leidens, Mordens und der Lust an absurder Zerstörung, wie sie in jedem zweiten Fernsehfilm gültig beschworen wird. Die weiße Magie der Verzauberung, d.h., bezaubernde Liebe und Erotik, werden in Hurenhäuser, Pornoläden und andere Orte, wo Liebeszerstörung besonders sichtbar wird, verbannt. Die weiße Magie der Erotik findet keinen Raum und keine Herberge mehr in unseren Kirchen (in christlichen Urgemeinden und gnostisch-christlichen Gemeinden war dies anders). Wir fühlen uns in Sicherheit, weil uns auch hier niemandin und niemand verzaubern kann. Doch leider ist dadurch nicht nur unsere Kultur zu einer Un-Kultur geworden, sondern auch unsere Religion zu einer Un-Religion; denn Religion ist ihrem tiefsten Wesen nach nichts anderes als Verzauberung, Beglückung, Verwandlung, Erotik, Ekstase, Heilung, Erlösung, Liebe und Beseligung, *wenn* weibliche Spiritualität nicht unterdrückt, sondern entfaltet wird, *wenn* Frauen (und weiblich inspirierte Männer) nicht mehr schweigen, sondern reden und prophezeien, lieben und heilen, d.h. *wenn* Religion zu dem wird, was sie eigentlich nur sein kann: Frauen-Religion.

2. Leibliebende Spiritualität versus leibfeindliche Spiritualisierung

Ich lade zu einer Annäherung an »weibliche Spiritualität« über Assoziationen ein. Bitte setzen Sie sich entspannt hin, lassen Sie die Gedanken schweifen, schließen Sie eventuell die Augen und lassen Sie dann alle Einfälle, Bilder, Erinnerungen, Assoziationen usw., die das Wort »weibliche Spiritualität« und »weibliche christliche Spiritualität« bei Ihnen auslösen, hochsteigen. Wichtig ist: Es gibt keine falschen Assoziationen, alles was Ihnen einfällt, ist richtig! Erst danach nehmen Sie bitte die nachstehend aufgeführten Einfälle anderer Personen (es handelt sich um vier Frauen, zwischen vierzig und sechzig Jahren) zur Kenntnis – dann haben Sie mehr von diesem Experiment.

2.1 Assoziationen zu »weibliche Spiritualität im Christentum«

gesunder Menschenverstand, lebensbewahrende Gedanken, Weltklugheit, Fähigkeit zu Kompromissen, keine Ideologien, Kreativität, Wärme, Überlebenskunst, der Mann, Beruf, Kinder, Lebensfreude, Lebensangst, ja eigentlich: alles, nach innen schauen, Verbindung mit dem, was wir Gott nennen, annehmen von Hilflosigkeit und Stärke, von ganz unmöglichen Menschen, Leben in anderen Welten, Geist über mir, Tod als Hoffnung, Fühlen und Denken zugleich, Schlange, Kraft, Magie, Selbstsein, Erotik, Neulieben, Neugestalten, Ganzwerden, Frauen um Jesus, Kirche, Nonne, Mystik, a-sexuelle Liebe, aufopfernde Diakonissen, demütige Heilige, gehorsame Unterwerfung, Scheinheiligkeit, Bigotterie, Hingabe, die keine Grenzen kennt, schweigen, beten, dienen, sich selber verleugnen, Jesus nachfolgen ...

Ich möchte diese Assoziationen nicht interpretieren, sondern nur auf einige Aspekte aufmerksam machen. Es scheint einen Gegensatz zwischen SELBST-bejahender und SELBST-verneinender, zwischen lebensbejahender und lebensverneinender Spiritualität zu geben. Es scheint auch einen gewissen Gegensatz zwischen sinnlich-erotischen, spirituellen Elementen auf der einen und einer eher

esoterischen Einstellung auf der anderen Seite zu geben, die konkrete sinnliche Erfahrungen spiritualisiert.
Der Unterschied zwischen matriarchaler Spiritualität und patriarchaler Geistigkeit kann nirgends besser als daran erkannt werden, welchen Raum der Leib, die Körperlichkeit, die Materia (Mutter Erde!) einnimmt und in welcher Beziehung sie zum »Geist« steht. Matriarchale Spiritualität meint die Heiligung und das Heilwerden der ganzen Person und schließt eine Leiblichkeit ein, die im Vergleich zum Geist nicht abgewertet wird. Am Kriterium des Leibes wird offenbar, wie wenig die Mystik, die einerseits aus guten Gründen für eine Wiederkehr weiblicher Spiritualität gehalten wird, eigentlich frauenbefreiend ist. Matriarchale Bilder, Symbole und Weisheit werden nämlich in allen mystischen Strömungen dem patriarchalen »Geist« anverwandelt und in verzerrter Form »integriert«. So kennt z. B. die mystisch-jüdische Kabbala eine Wiederkehr der Göttin in einem weiblich-männlichen Gottesbild und auch matriarchale Reinkarnationsvorstellungen. Ähnliches gilt für die islamische Mystik, den Sufismus.[1] Die christliche Mystik eines Meister Eckehard ist, was die Göttin angeht, zurückhaltender als die jüdische, aber auch hier gibt es matriarchale Spiritualität – etwa in der Definition Gottes, der nichts als Liebe sei und daher nicht wirklich zum Fürchten.[2] In diesem allgemeineren Sinn stellt die Jesusbewegung wie das Urchristentum und die christliche Gnosis eine Wiederkehr matriarchaler Spiritualität dar.
Doch die Göttin als Symbol für eine andere Einstellung zur Leiblichkeit wurde dem patriarchalen, mystifizierenden Geist unterworfen, einem körper-, leib- und materieverneinenden Un-Geist, verglichen mit dem lebendigen Geist unzerstückelter Spiritualität, die auch Leibliches und Erdhaftes heiligt, wie Heide Göttner-Abendroth ihn beschreibt:

»Matriarchale Geisteshaltung ... war hier die Erkenntnis aller wirkenden Kräfte und Energien: der physischen in den Körpern des Kosmos, der Lebensenergien in allen Lebewesen und der psychisch-geistigen Energien in den Menschen. ... So war die physische Gebärfähigkeit genauso heilig wie geistige Kreativität ... Ein Liebesakt war ebenso Ausübung matriarchaler Spiritualität wie ein Tempeldienst.«[3]

Ganz anders denkt Meister Eckehard über die Liebe:

»Das eine ist das Wesen der Liebe, das andere ist ein Werk oder ein Ausbruch der Liebe. Die Stätte des Wesens der Liebe ist allein im Willen [...] Wer mehr Willen hat, der hat auch mehr Liebe.«[4]

Wem hier die größere Leistungs- und Liebeskompetenz zugesprochen wird, liegt auf der Hand. Es ist gewiß nicht die Frau, die über mehr patriarchal-männliche Willensqualitäten verfügt.

Der Gotteswille ist das Allerhöchste, Un-hinterfragbare, dem zuliebe man sich freiwillig selbst aufgibt:

»... denn der Mensch soll aller Dinge willig um Gottes willen beraubt sein und in der Liebe sich alles Trostes entschlagen und begeben aus Liebe.« »... denn was Gott will, das ist (der) allerhöchste Trost (der Freunde Gottes), sei's nun Trost oder Untrost.«[5]

Um unzweideutigen Trost geht es dem Meister Eckehard nicht oder genauer gesagt: auch der Untrost, also das Leiden, wird zum Trost, denn was immer Gott will, ist Trost, auch dann, wenn dies unbegreifliches Leiden sein sollte. Wer sinnlos leiden will, hat auch mehr Liebe! Selbstverleugnung und Leidensver-herr-lichung finden ihre Ursache und ihre Bestätigung in einem »Geist«- und Gottesverständnis, das überdies auf Ent-Leiblichung und Körperverachtung beruht:

»Noch eine Kraft gibt es, die ist auch unleiblich (wie Gott, E. S.); sie fließt aus dem Geiste und bleibt im Geiste und ist ganz und gar geistig.« »Leidest du um deiner selbst willen, [...] so tut dir dieses Leiden weh und ist dir schwer zu ertragen, leidest du aber um Gott und Gottes willen, so tut dir dieses Leiden nicht weh [...]«. »Was immer der Mensch um Gott und Gottes willen allein leidet, das macht ihm Gott leicht und süß.«[6]

Es gibt kein Heil denn im Kreuz, sagt Thomas a Kempis (s. v.). Bei Meister Eckehard wird der um Gott willen Leidende einerseits zu einer Art Fakir, der sein Leiden nicht mehr empfindet oder aber, genau wie bei Kempis zu einem, der masochistische »Lust« am Leiden findet. Dieses Leidensmißverständnis hängt mit der Entleiblichung Gottes und seines Geistes zusammen: wer keinen Leib hat, kann kein Leiden empfinden, aber auch keine Freude, und keine Liebe mehr fühlen, der kann überhaupt nichts mehr fühlen. Natürlich findet sich daher auch bei Meister Eckehard der Gedanke, der eine masochistische Glaubenshaltung kennzeichnet, nämlich Gottes Höhe hänge aufs engste mit des Menschen Niedrigkeit zusammen.[7] Das unleiblich und lebenslänglich sich liebende patriarchale Ideal-Liebespaar Abaelard und Heloïse im 12. Jahrhundert enthüllt, wie abstrakte Erniedrigung vor einem unsichtbaren Geist-Gott in konkreten Liebesbeziehungen gelebt wurde: als Selbst-Erniedrigung der Frau vor dem Ruhmesglanz des Mannes. Héloïse schreibt an Abaelard, den sie nie wiedersehen wird:

»Die tiefste Erniedrigung vor Dir (Abaelard) versprach die höchste Huld bei Dir, und ich brauchte so in meiner Niedrigkeit Deinen Ruhmesglanz nicht zu trüben.[8]

Die Jungfrau und Gottesmutter Maria wurde von Männern wie Lukas und Luther ebenso gedeutet. Was man an ihr zu loben fand, war nichts als ihre Niedrigkeit oder sogar nicht einmal diese. So schreibt Martin Luther in kongenialer Weiterführung dessen, was im Lukasevangelium steht:

›... (Maria) rühmt sich nicht ihrer Würdigkeit noch Unwürdigkeit, sondern allein des göttlichen Ansehens, welches so [...] übergnädig ist, daß er auch solch eine geringe Magd hat angesehen [...] denn ihre Nichtigkeit (was Luther für eine notwendige Steigerung von Niedrigkeit hält, E. S.) ist nicht zu loben, sondern Gottes Ansehen, gleich als wo ein Fürst einem armen Bettler die Hand reicht, ist nicht des Bettlers Nichtigkeit, sondern des Fürsten Gnade und Güte zu loben.«[9]

Die Entwertung der Liebe und des Leibes ist identisch und untrennbar verbunden mit einer Verachtung der Frau und der Göttin auch in der jüdischen Mystik. Die Kabbala schreibt:

»Da die ›weiblichen‹ Prinzipien die ›männlichen‹ nicht nur zur Voraussetzung haben, sondern auch von ihnen erst den Stoff ihrer Tätigkeit erhalten, wie z.B. auch die Liebe und Güte ... erst die strenge Gerechtigkeit ... zur Betätigung bringt, so sind die weiblichen den männlichen Prinzipien gegenüber rezeptiv, empfangend, wie das Weib gegenüber dem Mann ...«[10]

Die Verdrehung ist offenkundig: die männlichen Prinzipien sollen das Erste sein und die weiblichen existieren nur abgeleitet von ihnen und empfangen, was die Männer hervorbringen. Sie erhalten von den männlichen Prinzipien erst den »Stoff ihrer Tätigkeit«, nämlich z.B. die strenge Gerechtigkeit, die sich so als der eigentliche Inhalt der weiblichen Liebe zeigt! Kann diese Pervertierung der Liebe noch überboten werden? Infolge des Falles Adams wurde allen Wesen eine leibliche Hülle beigegeben, schreibt die Kabbala, die aber keines der drei wichtigen Funktionsprinzipien des Menschen ist[10a], sondern niedriger als das niedrigste der drei Elemente, die den Menschen bestimmen. Die Materie ist eigentlich gar nicht existent, sondern nur noch ein Prinzip, das die materielle Form beherrscht: Nephesch.[11] Der unkörperliche mystische Geist dagegen und der Geist des Lebens und der Philosophen (Ruach), der beide »Geister« verbindet, ist die Ebene, um die sich alles dreht. Die Materie, also duftende Blumen ebenso wie fließendes Wasser, spielende Tiere, fruchtbare Erde und die kostbaren Leiber von Frauen und Männern sind Materie; also niedrig und nicht-existent. Die Frau ist der Körper, der Mann der Kopf, lautet eine der patriarchalen Basisannahmen, die bekanntlich auch Karl Barth vertritt. Die Frau als Körper ist aber nur Materie, Natur, ganz auf den Geist-Mann bezogen und ohne ihn »Nicht-Ich« bzw. nichtexistent. Im Sinne jüdischer Mystik ist die Materia (Mutter Erde), wie Maria im Christentum, das Aller-, Aller-Niedrigste. Ob Frauen sich über die Wiederkehr weiblicher Spiritualität in jüdischer, christlicher und islamischer Mystik ohne weiteres oder überhaupt freuen können, erscheint mir angesichts dieser Leibfeindlichkeit fragwürdig.

3. Patriarchal-männliche Geisteshaltung

Männliche Spiritualität erschöpft sich nicht in Nekrophilie, Sado-Masochismus und Destruktivität, aber ist sie in ihrer patriarchalen Gestalt auch biophil? Diese Frage ist offen und wird in der feministischen Diskussion kontrovers verhandelt. Da es keine einfache Antwort darauf gibt, möchte ich an Beispielen illustrieren und fühlbar zu machen versuchen, welche Art männlicher Geist z. B. in der biblischen Tradition für mein Empfinden vor-herr-scht. Im folgenden Beispiel fasziniert mich der Knecht, der den Befehlen des Herrn zu gehorchen begehrt:

»Herr, dein Wort bleibt ewiglich,
so weit der Himmel reicht;
deine Wahrheit währet für und für.
Du hast die Erde gegründet, und sie bleibt stehen.
Sie steht noch heute nach deinen Ordnungen;
denn es muß dir alles dienen.
Wenn dein Gesetz nicht mein Trost gewesen wäre,
so wäre ich vergangen in meinem Elend.
Ich will deine Befehle nimmermehr vergessen,
denn du erquickst mich damit.
Ich bin dein, hilf mir;
denn ich suche deine Befehle
...
Ich hasse die Wankelmütigen
und liebe dein Gesetz.« (Ps. 119, 89–94, 113)

Die »Lust« des Knechtes am Gesetz des Herrn, die Suche nach Befehlen, die ihn »erquicken« (!), der Haß auf alle Wankelmütigen, die nicht befehlsliebend und gesetzesgläubig sind (wozu gewiß auch der Selbsthaß auf den eigenen Wankelmut gehört) und der Glaube an eine Erde, die »stehen bleibt« anstatt sich zu bewegen und die den immerselben Ordnungen des Herrn unterworfen ist, anstatt sich lebendig zu verändern, erkenne ich als Elemente patriarchal-männlicher Geisteshaltung, die den Haß auf die Feinde pflegt und Liebe zum Leben, zu Frauen, Männern und Kindern, in der Liebe zum *Gesetz* und zum *Befehl* des Herrn aufgehoben sieht. Der Rabbi Jesus hat dieses Gesetzesverständnis nicht vertreten. Doch schon der Apostel Paulus verhüllt die jesuanische Liebesverkündigung mit patriarchalen Gewändern. Einerseits weiß Paulus nämlich genau, worauf es Jesus ankam:

»Seid niemand etwas schuldig, außer daß ihr einander liebet.« (Rö. 13,8a)

Doch trotzdem wird das jüdische Gesetz nicht konsequent losgelassen, denn Paulus fährt fort:

»denn wer den anderen liebt, hat das Gesetz erfüllt«. (Rö. 13,8b)

Diese Aussage wäre natürlich absurd, wenn sie auf die 613 jüdischen Gesetze bezogen würde wie in der traditionellen Theologie üblich. Denn natürlich folgt die Liebe anderen »Gesetzen« als den jüdischen, nämlich ihren eigenen, einige Jahrmillionen älteren. Die Frage ist, ob Paulus hier als einer argumentiert, der das Gesetz nicht mehr braucht, oder im Sinne der Vergesetzlichung der Liebe im Alten Testament (3. Mose 19,18), wo es heißt: »*Du sollst* Deinen Nächsten lieben wie Dich selbst« anstatt: *Ihr dürft* einander ohne jede Einschränkung lieben, und damit alle patriarchalen Gesetze außer Kraft setzen? Die jesuanische Liebe als Macht, die uns die sich in ständiger Veränderung befindenden *Lebens*gesetze der Natur begreifen läßt, kann nicht auf die Erfüllung der 613 jüdischen Gesetze reduziert werden, da sie in vielfältigem Widerspruch zu diesen steht. Die Liebe aber ist das Wichtigste überhaupt, selbst wenn ich meinen Leib hergäbe, um mich kreuzigen zu lassen, hätte aber die Liebe nicht, so würde mir dies nichts nützen (1. Kor. 13, 1–13).

Die »Lust« an der Unterwerfung unter das Gesetz des Herrn und der »Geist« freiwilliger asketischer Selbstverleugnung wuchsen in der christlichen Kreuzesfrömmigkeit zu einer sado-masochistischen Leidensver-herr-lichung weiter. Ich verweise auf die Zitate von Moltmann und Gollwitzer (s. S. 43 d. U.) und wage die Hypothese, daß patriarchale Spiritualität in der Zerstörung weiblichen (und männlichen) Selbstseins sich ausdrückt und im Kern von Eroszerstörung gespeist wird. Die Säulen, auf denen diese patriarchale Frömmigkeit ruht, sind die asketische »Lust« an gewaltförmiger Herr- und Knechtschaft und die unbewußte »Lust« an Leiden und Zerstörung, nicht nur des Lebens und des Leibes, sondern auch des eigenen SELBST, der Seele.

Daß diese Spiritualität nicht jesuanisch und nicht eigentlich christlich ist, wird jeder und jedem einleuchten; denn dieser Geist lebt von Vergewaltigung, nicht von Verkündigung. Doch unterlie-

gen wir der geistigen Vergewaltigung nicht allemal, wie Catharina Halkes kritisch anmerkt? Ist Vergewaltigung zur zentralen Metapher unserer Kultur geworden, wie Fritjof Capra meint? Gibt es eine Gruppenvergewaltigung des Geistes wie des Körpers in der patriarchalen Kultur, wie Mary Daly sagt?
Falls ja, gewinnt unsere Suche nach Rettung aus sado-spirituellen und vergewaltigenden Geisteshaltungen durch Entwicklung biophiler Spiritualität das Gewicht einer religiösen, politischen und existenziellen Revolution. Eine frauen-liebende Religion würde jedenfalls ihre Anhängerinnen und Anhänger ermutigen und lehren, sich selber Gutes zu tun, sich selber zu lieben, an sich selber zu glauben, sich auf sich selbst zu verlassen und mit sich in Frieden zu leben, was schöpferische Auseinandersetzungen und Kämpfe keineswegs ausschließt. Die Veränderung krankmachender Lebensverhältnisse hängt mit dieser Fähigkeit zur SELBST-Veränderung, ja zur SELBST-Liebe aufs engste zusammen. Gesunde Lebensbedingungen lassen sich gewiß daran messen, ob sie liebesfähige Menschen hervorbringen oder gewalttätige.
Eine wirklich Frauen- und Mütter-liebende Religion wäre so kraftvoll und sanft, lebensbejahend und erotisch, daß auch Schwache, Kranke, Außenseiter, Arme, Leidende, usw. durch sie verwandelt und getragen, also: glückselig werden könnten.

4. Weibliche Spiritualität: einige Folgerungen

Frauen und aufgeschlossene Männer fangen an, wenn auch mit Ängsten und von Zweifeln geplagt, sich ihrer Selbst-Unterdrückung bewußt zu werden und Aus-Wege zu suchen. Dies ist schwer. Denn diese Frauen und Männer müssen anfangen, ihre wirklichen, eigenen Empfindungen, Erfahrungen und Erkenntnisse, ihre Ängste und Schwächen und ihr »kleines« Alltags-Leben genauso wichtig zu nehmen wie ihre Ekstasen, Seelen-Bilder, Träume und erotischen Phantasien – auch und gerade dann, wenn diese weder mit den Gesetzen der Thora, noch mit den frauenfeindlichen Sätzen christlicher Dogmatik, noch mit den herr-schenden Emanzipationstheorien und nicht einmal mit dem eigenen patriarchalen Selbstbild übereinstimmen. An die eigenen Empfindungen und Erkenntnisse zu glauben, fällt schwer, dies kann man besonders bei Feministinnen nachlesen.
Heide Göttner-Abendroth erzählt, sie hätte eine ganze Zeitlang das Gefühl gehabt, verrückt zu werden, als ihr das volle Ausmaß patriarchaler Wahrheitsverdrehung und Unterdrückung klar wur-

de. Adrienne Rich, eine jüdische Feministin aus Amerika, schreibt, sie und die Frauen ihrer Gruppe wären sich zuerst »schwachsinnig« vorgekommen, bei dem Versuch, auf der Wahrheit der eigenen Erfahrungen zu bestehen.[12] Für Mary Daly ist der Aufbruch aus dem gewohnten patriarchalen Denkgefängnis von einem »gesunden Verfolgungswahn«, von einer Paranoia, begleitet, wie sie in Gyn/Ökologie schreibt.

Diese extrem anmutenden Selbstzweifel und Selbstbezichtigungen zeigen, wie schwer der Weg zu einer lebenliebenden Lebenshaltung geworden ist, wie schwer es ist, *wirklich* zu werden und aus dem Schattenkabinett gut bezahlter patriarchaler Pseudo-Bedeutungen herauszutreten und im Patriarchat pathologisierte Gefühle von Verrücktheit, Schwachsinn und Verfolgungswahn als das zu erkennen, was sie sind: ein unbewußter Schritt zum gesundmachenden Kampf gegen verinnerlichten Haß, Zynismus und Verachtung, die wir nur mühsam loswerden und in Selbst- und Menschenliebe umwandeln können.

Doch woher nehmen Frauen und Männer die Gewißheit, um nicht zu sagen, die Tollkühnheit, selber und ohne theo-logische und akademische Absegnung wissen zu können, was gut und böse für sie und andere ist? Was richtig und falsch, gerecht und ungerecht, lebensfeindlich und liebeszerstörend oder lebensfördernd und liebesbejahend, was schöpfungsgemäß ist und was nicht?

Diese Fragen berühren die Wurzeln jeder patriarchalen Religion, sie stellen *die* Kernfrage der jüdisch-christlichen Tradition dar (vgl. 1. Mose 3). Der Gott Jahwe formuliert das patriarchale, autoritäre Entmündigungsprinzip: wer selber wissen will, was für die Frau und den Mann gut und böse ist, hat sich gegen den Gesetzes-Gott vergangen und wird aus dem Paradies vertrieben (vgl. Kap. IV).

Doch natürlich kann trotzdem *keine*, auch nicht die patriarchalste, Religion ohne weibliche Spiritualität existieren. Wer sich nie auf sich selbst verließe und nie den Impulsen und Intuitionen folgte, die die Liebe eingibt, sondern sich nur auf Gesetze, theologische und wissenschaftliche Erkenntnisse von anderen verlassen wollte, wäre lebensunfähig. Wir verlassen uns ständig auf weibliche Weisheit, alle patriarchalen Religionen leben von weiblicher Spiritualität, nur geben sie dies nicht offen zu. Weibliche Weisheit wurde, wie die Frau dem Mann, dem patriarchalen Geist unterworfen, dem »Geist des Gesetzes«, einem »Geist an sich«, einem »jenseitig göttlich-männlichen Geist«, einem »objektiven, absoluten, un-körperlichen Geist«, der angeblich losgelöst von jeder natürlichen, kreatürlichen Bindung existieren soll, ja sogar in feindlichem Gegensatz zur Natur.

Alle diese patriarchalen »Geister« sind dem weiblichen Geistin-Bewußtsein entgegengesetzt, weil dieses den Geist des alles hervorbringenden, lebenschaffenden, versöhnenden, ideenerzeugenden, Kunstwerke und Lebensformen produzierenden EROS kennt. Weibliche Spiritualität ist in allen Dimensionen kreativ und erotisch und betrifft alle Lebensbereiche und Beziehungen:

- die erotische Verbundenheit von Frauen und Männern mit dem eigenen SELBST (die SELBST-Liebe) ebenso wie
- die vollkommene Vereinigung zweier Menschen, meistens von Frau und Mann (die »Heilige-Hochzeitsliebe«),
- die Beziehungen zwischen Frauen und Männern, gleich welcher Herkunft (Menschen-Liebe) ebenso wie
- die erotische Verbundenheit zwischen Frau/Mann und dem Göttlichen (der Göttin- und Gottesliebe).

Unter Erotik verstehe ich hier also nicht die romantische Gefühlsverwirrung, die meistens mit vorzeitigem Tod endet, wie bei Julia, Anna Karenina und Gretchen und auch keine »Liebe«, die mit Unterwerfung verbunden ist, sondern

> »ein Potential, ein »Lebens-mittel« in uns allen (natürlich auch in Männern, E. S.), das einer zutiefst weiblichen spirituellen Ebene angehört [...]«[13]

Die Unterdrückung von Menschen gelingt nur, wenn diese Quelle umwandelnder Energie und Macht vergiftet, zugeschüttet und verdrängt wird. Das Geheimnis effektiver Unterdrückung liegt also nicht eigentlich in sexuellen Tabus, Verboten und Einschränkungen und nicht allein in den äußeren Zwängen. Äußere Freiheit und sexuelles Sich-Ausleben können sich, dies hat die mißlungene sexuelle »Befreiung« gezeigt, sehr wohl als Mittel von Herrschaftssicherung »bewähren«. Das wirkliche Geheimnis funktionierender Fremd- und Selbst-Unterdrückung liegt in einer viel tiefergehenden Identitätsbeschädigung durch die Zerstörung des Eros und der Liebesfähigkeit der Menschen.

Männer haben Erotik immer wieder mißverstanden als narzißtische, triviale, geile, exzessive, sexuelle Erregung und Triebhaftigkeit. Dieses Mißverständnis beruht auf einer Verwechslung von Erotik als Quelle von Wissen, Weisheit und Macht mit Pornografie. Pornografie ist, was immer sie sonst sein mag, auf jeden Fall ein Versuch, die Macht der Erotik zu leugnen und zu verdrängen und anstelle der Liebeserfüllung abgespaltene Ersatzbefriedigungen anzubieten.

Doch alles, was wir ohne Liebe tun, bleibt ohne Erfüllung und ohne Sinn. Dies gilt für die Arbeit und jede berufliche Tätigkeit so gut wie für den Geschlechtsverkehr, für die Beziehungen der Menschen zur Natur und zur Gottheit so gut wie für die Beziehungen der Menschen untereinander. Wer also politische Veränderungen ohne Erotik und Liebe glaubt verwirklichen zu können, irrt. Er wird nichts Neues hervorbringen, sondern nur das alte System bestätigen, dessen tragende Säule »Der asketische Eros« ist, wie Leo Kofler schon 1967 schrieb:

»Die moderne hochbürgerliche Form der Repression verbirgt sich unter einem dichten Schleier scheinbar gewählter ... erotischer Freiheiten. Der gewählte Eros wird aber durch Unterwerfung und Verruf im außerindividuellen Lebensbereich erkauft, und im individuellen kommt er eben deshalb auch nicht zu jener Wirkung, die die Ideologie vortäuscht.«[14]

Beim »asketischen Eros« handelt es sich also eigentlich gar nicht um Eros, sondern um die »Lust« an der Eros- und Liebeszerstörung. Was Kofler überzeugend darlegt ist, daß Eros und Politik zusammengehören. Wer der Liebe im außerindividuellen Bereich von Beruf und Politik keine Chance gibt, wird auch in individuellen Beziehungen liebesunfähig. Wer Eros und Politik trennt, will nicht lieben, sondern asketisch und macht-mißbrauch-besessen sein. Der richtige Asket will, wie der Fakir, nur eines: nichts fühlen! Daher ist niemand weiter von der Wahrheit entfernt als er. Seine Haltung, meint Audre Lorde, ist eine Haltung höchster Angst und schwerster Immobilität. Er ist besessen von der Idee, es käme alles darauf an, sich selbst zu be-herr-schen, zu verleugnen, zu unterdrücken und zu vergewaltigen, nicht aber darauf, sich selbst zu lieben, sich ständig zu wandeln, sich selbst und anderen zu öffnen und zu offenbaren (hier bekommt Offenbarung einen ganz konkreten, wichtigen Sinn). Die erotische Freude an sich selbst und anderen miteinander teilen zu können, ermöglicht es, auch Fremdes und Bedrohliches, auch Aggressionen und Wut zuzulassen, zu verstehen und umzuwandeln. Das Teilen von Freude, dem »schönen Götterfunken aus Elysium«, ermöglicht es, Hierarchien abzuschaffen und Herr-schaft zu überwinden. Erotische Erfahrungen des Miteinander-Teilens von Freude verlangen eigentlich, daß das ganze Leben im Wissen um die Möglichkeit solcher Befriedigung gelegt wird.[15] Was Wunder, daß der Eros allen Herrschern, Asketen, Fakiren und masochistischen Märtyrern Angst macht.

In der biblisch-christlichen Überlieferung mischt sich der »asketische Eros« bzw. die Liebeszerstörung mit dem Eros als »Lebens-Mittel«, als Quelle von Wissen, Weisheit und weiblicher Macht auf fatale Weise.

Mir erscheint es heute unabweisbar, daß die Jesus-Bewegung von weiblichem Eros getragen und inspiriert war. Wenn es stimmt, was die gnostischen christlichen Evangelien berichten, dann war Jesus ein »Liebes-Mensch«, der z.B. seine Lieblingsjüngerin Maria von Magdala immer wieder auf den Mund küßte, was die Eifersucht seiner Jünger weckte. Jesus, dies ist zumindest das eine Porträt, das auch die neutestamentlichen Evangelien von ihm zeichnen, liebte Männer und Frauen wirklich, d.h., ganzheitlich und erotisch.

Jesus verkörperte weibliche Weisheit, wie Felix Christ[16] aus unfeministischer Perspektive nachweist. Deswegen, so deutet es jedenfalls Felix Christ, wie wenn er ein Naturgesetz entdeckt hätte (dabei handelt es sich nur um einen typisch patriarchalen Abwehrmechanismus), mußte Jesus, wie sonst nur Frauen, abgelehnt, erniedrigt, gefoltert und ermordet werden. Mit Hilfe der Kreuzestheologie wurden dann alle diese Untaten gegen die weibliche Weisheit, die Jesus verkörperte, als heilsnotwendig uminterpretiert. Auch nach Felix Christ, der an dieser Stelle die patriarchale Spiritualität nicht durchschaut, soll gerade Jesu Erniedrigung seine Erhöhung zur Rechten des herrschenden Vaters bedeuten. Dies ist ein erschütternd-trauriges Mißverständnis, das auf einer Verwechslung von Liebe und Leiden beruht (vgl. Helga Sorge, Wer leiden will, muß lieben, a. a. O.).

Der jesuanische Eros, der gewiß die besondere Anziehungskraft des Jesus von Nazareth ausmachte, bereitete patriarchalen Männern schon zur Zeit Jesu große Probleme. Männer wie der Apostel Paulus oder später die Kirchenväter Irenäus, Tertullian, Augustinus und schließlich auch der Reformator Martin Luther hatten einen unheilvollen Hang zum »asketischen Eros«. Sie versuchten die Askese der patriarchalen Gesetzesreligion mit dem Eros einer matriarchalen Liebesreligion in Übereinstimmung zu bringen. Sie füllten »Neuen Wein in Alte Schläuche« (Hanna Wolff) und so gelang es ihnen nicht, das Christentum als eine eigene, vom Judentum unabhängige Liebes-Religion zu begreifen und zu gestalten. Wer nämlich biophile Spiritualität mit patriarchal normierender Rechtgläubigkeit, mit kirchlich-bischöflicher und staatlicher Autorität und Gewalt vereinbaren will, muß offenbar zwangsläufig einer Theologie voller Eros- und Frauenfeindlichkeit zuneigen. Dies belegt die christliche Geschichte überreichlich. Die patriarchale Deutung des jesuanischen Eros gipfelte in der Aufspaltung der Liebe in *Agape*, die als christliche Gottes- und Nächstenliebe verstanden und *Eros*, der als lüsterne, triebhafte, sexuelle Begierde mißverstanden wurde. Die vermeintlich Gott wohlgefällige, unerotische bzw. asketische Agape wurde von der angeblich moralisch verdächtigen, erotisch-sinnlichen Liebe abgetrennt.

Ich möchte an drei Beispielen aus der neutestamentlichen Tradition aufzeigen, was aus patriarchal inspirierten Texten werden kann, wenn frau diese im Sinne eines unzerstückelten Eros neu entdeckt und umgestaltet.

1) Der »Sieg« Christi als Liebes-Erklärung (Assoziation zu 1. Kor. 15, 19–28)

In den insgesamt zehn Versen wird man elfmal mit Ausdrücken der Gewalt konfrontiert, allein in den Versen 27 und 28 erscheint sechsmal die Vokabel unterwerfen bzw. untertan machen. Ich beschränke mich hier auf diese beiden Verse:

»(26b) der letzte Feind, der entmachtet wird, ist der Tod. (27) Sonst hätte er (der Vater) ihm (dem Sohn Jesus) nicht alles zu Füßen gelegt. Wenn es aber heißt, alles sei unterworfen, ist offenbar der ausgenommen, der ihm alles unterwirft. (28) Wenn ihm dann alles unterworfen ist, wird auch er, der Sohn, sich dem unterwerfen, der ihm alles unterworfen hat, damit Gott herrscht über alles und in allem.«

Das Wort, das mich besonders irritiert, ist unterwerfen, hypotasso. In aktiver Bedeutung: ich unterwerfe *mir* jemanden, in passiver: ich werde jemandem unterworfen. Es ist ein Wort, das »wirkliche Unterordnung unter Respektspersonen ... z.B. gegenüber dem Ehemann meint«.[17] Es ist auch ein Begriff der Militärsprache und bezeichnet ein typisches Verhalten im Rahmen hierarchischer Ordnungen, nämlich freiwillige oder erzwungene Unterordnung unter befehlsgebende Instanzen. Der Paulustext benutzt hier einen Schlüsselbegriff der patriarchalen Unterwerfungskultur, die auf »gerechter« Machtaufteilung (unter Männern) und struktureller Gewalt aufbaut. Der umformulierte Paulustext lautet:

»26b). Nicht einmal der Tod ist in der jesuanischen Liebeskultur ein Feind, in der auch Feinde geliebt werden können, und (27) nichts hat Christus unterworfen. Er hatte dies nicht nötig und lehnte dies grundsätzlich ab, weil es mit der Idee eines liebenden Zusammenlebens unvereinbar ist. Wenn Jesus sagt, daß alles durch Eros und Liebe verwandelt wird, so ist offenbar: mit Ausnahme der göttlichen Liebe und Weisheit selbst, durch die auch Jesus hervorgebracht wurde.
(28) Wenn dieser Gottheit nun alles in Liebe zugetan sein wird, dann wird der Sohn sich auch dem Vater (seinem Symbol für den göttlichen, schöpferischen Eros, der *alles* ins Leben integriert, sogar den Tod) zuneigen und sich mit ihm vereinigen, damit die Liebe alles in allem sei.«[18]

2) Fragen, Klagen und Liebes-Lied der Maria (Assoziationen zu Lk. 1,46ff)[19]

a) Fragen der Maria:

»Meine Seele macht groß den Herrn.«
Wie kann *meine* Seele den Herrn groß machen – da er doch längst groß ist und furchtbar sein Name (Ps. 119,9)?

»Er hat sich Israels, seines Kindes angenommen, gedenkend seiner Barmherzigkeit.«

Aber heißt es nicht: seine Barmherzigkeit währt über die, welche ihn fürchten? Braucht der Vater ein Kind, das ihn fürchtet, damit seine Stärke offenbar wird?

»Wie er geredet hat zu unseren Vätern, gegenüber Abraham und seinen Söhnen in Ewigkeit.«

Warum zu den Vätern und nicht zu den Müttern? Brauchte Abraham keine Frau? Brauchten die Söhne keine Mutter? Wer hörte je von einem Vater, der seine Kinder allein gebar? Warum wird Sarah nicht erwähnt? Soll auch ich eine von den vielen ungenannten Müttern werden, die Söhne gebären, die nur des Vaters Namen tragen? Die Töchter gebären, die keiner Erwähnung wert sind?[20]

b) Klage der Maria

»Oh, Gott, was hast Du mir angetan,
meine Seele schreit zu Dir voll Bitternis!

Vergewaltigt und in den Staub gedrückt
soll ich Dich als meinen Herrn und Gott noch preisen
und alle Frauen damit in die Irre führen?
...

Du brachst mir meine Kraft und Göttlichkeit,
verlangtest nach dem Thron und wolltest »Herr«-schaft!
...

Meine Augen ermatten von Tränen,
mein Inneres glüht!
Ausgeschüttet auf die Erde ist mein Herz
über meine Niederwerfung ...
aber nun erhebe ich mich aus dem Staub ...

Mag ein Heer mich belagern, mein Herz
wird nicht verzagen,
magst du Krieg gegen mich führen, ich
bleibe dennoch voller Zuversicht,
denn ich bin nicht mehr Deine Magd!
Meine Kraft ist mein Schild gegen Deine Eifersucht.

Oh Gott, Du »Herr«!
Deine Stimme erschallt über den Wassern und
ertönt mit Macht, voller Majestät,
Du zerschmetterst jedes Aufbegehren gegen Dich,
Deine Stimme wirbelt Eichen empor und reißt
ganze Wälder kahl,

aber siehe, ich bin von Dir gewichen,
Deine Hand drückt mich nicht mehr zu Boden,
und ich stehe aufrecht neben Dir –
und Du erschrickst!«[21]

c) Liebes-Lied der Maria (Amatificat)

»Erschrick nicht, göttlicher Heros,
den meine Seele liebt.
Ich suchte Dich überall,
verstrickt in die Schmerzen der Sehnsucht.

...

Du, den meine Seele ersehnt,
ich will Dich nicht fesseln
durch meine Unterwerfung,
Dich nicht mehr größenwahnsinnig groß machen
durch meine Selbsterniedrigung.

...

Silberfadenglänzend
kamst Du zu mir im Traum,
Deine Locken voll vom Tau der Nacht,
Deine Augen wie Tauben,
in Milch gebadet,
Deine Wangen wie Balsambeete,
Deine Lippen wie Lilien,
überfließend von flüssiger Myrrhe,
Dein Leib ein Stück Elfenbein mit Saphiren geschmückt,
Deine Schenkel Marmorsäulen auf Goldsockel gestellt,
Dein Kuß ganz Süße und Wonne,
so bist Du, Gott, mein Geliebter,
mein Freund, mein Bruder, mein Fehlloser.

Also komm herunter von Deinem Thron,
hör auf, die Gewaltigen dieser Welt
vernichten zu wollen.
Du zerstörst nicht die Machthaber,
sondern nur Dich selbst
und mich
und die Erde und die Liebe zwischen uns allen.

Komm heraus zu mir,
laß Dich liebkosen und küssen,
die Liebesäpfel duften,
alte und neue,
die ich Dir aufbewahrte.

Komm heraus aus deinem Gefängnis der Herr- und Knechtschaft: Die Zeit der Liebe ist da!«[22]

3) Die Glück-Seligpreisungen der Bergpredigt (Mt. 5,1ff)

In einem Seminar über Feministische Ethik bearbeiteten wir die Frage, ob die Bergpredigt eine matriarchale bzw. feministische Liebesethik oder doch eher eine patriarchale Gesetzesethik darstelle.

Als eher der patriarchal-männlichen Gesetzesethik zuzuordnen, erschien uns das Vater-unser, zu dem es nicht nur kein Mutter-unser gibt, sondern das vor allem inhaltlich die Unterwerfung unter den monotheistischen Vatergott bejaht: »Dein Wille geschehe!« Nicht auch der meine oder der unsrige? Eine Gruppe entwarf daraufhin ein neues biophiles Vater-unser, das sich an einen liebenden Gottvater wendet, der niemanden unterwerfen will und dem sich niemandin und niemand unterwirft:

»Lieber Vater, der Du mich gemeinsam mit meiner
Mutter lebendig machst:
Ich liebe Dich.
Laß uns mit dem Geschenk des Lebens bewußt umgehen
und nicht aufhören, uns nach Liebe zu sehnen und auf
Erfüllung zu hoffen.
Unser tägliches Lebens-Brot gib uns heute.
Weil ich Dich annehme, kannst auch Du mich und andere lieben.
Laß uns viel versuchen und gemeinsam den besten Weg finden.
Denn Du schützt das Leben, aus Dir schöpfe ich Kraft und
bei Dir fühle ich mich geborgen.
Amen, d.h.: So wollen wir es leben!«[23]

Die Forderung nach brutaler Eliminierung aller Körperteile, die uns ärgern (Mt. 5,13), die Vertröstung auf ein Jenseits (Mt. 5,12) und das Festhalten am jüdischen Gesetz erschienen uns als Äußerungen patriarchaler Geisteshaltung.

Eher matriarchal hingegen empfanden wir Mt. 5,13ff, wo es heißt, ihr seid das Salz der Erde und das Licht der Welt, dann die Antithesen (Mt. 5,21–38), *sofern* sie konsequent als Überwindung patriarchaler Gesetzesethik begriffen werden, und Mt. 6,22–34, wo die Natur mehr bewundert wird als menschliche Werke.

Doch als besonderer Stein des Anstoßes erwiesen sich bei näherer Betrachtung die Seligpreisungen, die zunächst auch unter matriarchaler Ethik eingeordnet worden waren, aber dann immer mehr ins Zwielicht gerieten. Ich glaube heute, daß dies begründete Ursachen hat, denn etwas Ähnliches war mir vor einigen Jahren schon einmal mit Gymnasiallehrerinnen und -lehrern passiert. Diese waren damals regelrecht wütend geworden, weil, so sagten sie, niemandin und niemand von ihnen bei Jesus eine Chance gehabt hätte, selig gepriesen zu werden, denn schließlich waren sie nicht arm.

Vielleicht würde den arbeitslosen Lehrern und anderen Benachteiligten heutzutage das Glück der Seligpreisungen widerfahren. Aber sollten sie deshalb ihren Beruf als wohlbestallte Staatsbeamten aufgeben? Wie wir es auch drehten und wendeten, das harte Faktum der erforderlichen Armut und der Weherufe über die Reichen blieb. Das Wörtchen »denn«, das in jeder Seligpreisung auftaucht: »Selig sind die geistlich arm sind, *denn* ihnen gehört das Himmelreich!«, legt leider das oben genannte Mißverständnis nahe, die Armen seien alle schon deshalb selig, *weil* sie arm sind, die Leidenden allein deswegen, *weil* sie leiden, die Hungernden, *weil* sie hungern.
Aber machen Hunger, Armut und Leid nicht auch böse, neidisch, ungerecht, hartherzig? Und ist es nicht zynisch, die Armen, Hungernden und Leidenden selig zu preisen in einer Welt, wo jede Sekunde ein Mensch an Hunger zugrunde geht? Solche und andere Fragen veranlaßten mich, angeregt durch meine Studentinnen und Studenten, einige der alten Seligpreisungen umzuschreiben und einige neue zu erfinden.

GLÜCK-SELIGPREISUNGEN

1. Glück-selig sind die leiblich und seelisch Armen nur, wenn sie satt geworden sind; denn dann fühlen sie sich himmlisch (d.h. wie im »Reich der Himmel«).
2. Glück-selig sind, die da Leid tragen nur dann, wenn sie getröstet werden und ihr Leiden in Freude verwandelt wird.
3. Glück-selig sind, die sanft und mutig sind, nicht weil sie das Erdreich besitzen werden, sondern weil sie die Erde lieben und bebauen können.
4. Glück-selig sind, die hungern und dürsten nach Gerechtigkeit nur dann, wenn sie auch Gerechtigkeit erlangen.
5. Glück-selig sind, die Frieden stiften, weil dieser Friede auch sie selbst bereichert.
6. Glück-selig sind, die um der Gerechtigkeit willen verfolgt werden, wenn dies zu Unrecht geschieht und sie dies erdulden, um eine bezaubernde Eros-Kultur zu entfalten.

GLÜCKLICH-PREISUNGEN
der Tochter der Weisheit[24]

Als aber die Tochter der Weisheit das Volk sah, stieg sie auf einen Berg und setzte sich. Und ihre Gefährtinnen traten zu ihr und sie tat den Mund auf und sprach:
1. Glücklich sind, die sich selbst hervorbringen und kristallklar heilende Liebe von Liebeszerstörung zu unterscheiden wissen.

2. Glücklich sind, die frei und unabhängig sind, denn sie können lieben, ohne zu unterdrücken.
3. Glücklich sind die Tanzenden, denn sie verleihen dem göttlichen Eros Gestalt.
4. Glücklich sind, die an Leib und Seele reich und satt sind, denn sie können Nährende sein.
5. Glücklich sind, die geben *und* nehmen können, weil sie das Geheimnis des Lebens verstanden haben.
6. Glücklich sind, die in der Großen Mutter geborgen sind, denn ihre Liebe ist wie sanftes Streicheln, das nicht fesselt, sondern löst.
7. Glücklich sind die ungezähmten Wilden, denn ihre schöpferische Kraft ist wie ein Keimling, der Versteinerungen aufbricht und Menschen verzaubert.

Der Fall Eva
Zur Wiederentdeckung des Mythos für die Theo-logie

1. ZurAktualität des »Sündenfalls«

Nicht von ungefähr wird in feministisch-theologischen Entwürfen der Sündenfallmythos (1. Mose 2 und 3) mit besonderer Heftigkeit diskutiert. Schließlich ist er, wie Kate Millett darlegt[1], einer der beiden führenden Mythen der westlichen Welt, die patriarchale Herrschaftsformen sichern und rechtfertigen. So wie im Sündenfall der Frau die Schuld für den Verlust des paradiesischen Zustands gegeben wird, wird in der »Büchse der Pandora«, die in Hesiods Theogonie erzählt wird, die Frau als Verwalterin aller Übel dieser Welt ausgegeben.[2]

Aber bedeutet eine feministische Deutung des Sündenfalls dann nicht Eulen nach Athen zu tragen? Oder ist diese nicht zumindest überflüssig und langweilig, weil schon vorher jede und jeder weiß, was hinterher herauskommt? Ich glaube das nicht, weil es mir mit dieser Geschichte anders ergangen ist. Ich habe bei meinen exegetischen Bemühungen den Eindruck gewonnen, daß sich nichts weniger als das Selbstverständnis einer feministischen Theologie an der Deutung dieses Mythos entscheidet, weil er ein »Feuerbach« ist, durch den jede Theo-logie hindurch muß. Denn wie wir den »Sündenfall« interpretieren, beinhaltet die Antwort auf die Gretchenfrage, wie wir es mit dem Patriarchat halten. Selbst wenn diese Frage im Sinne Elisabeth Moltmann-Wendels zu beantworten wäre, die in der Bibel das oder doch ein hervorragendes »Dokument der Befreiung« für Frauen erblickt[3] oder wenn der »Sündenfall« als Verdammung von Herr-schaft gelten könnte[4], und wenn wir überdies in der Lage wären, dies auch den Männern klarzumachen (was z. Zt. eher eine Utopie ist), es blieben selbst dann die Fragen und Probleme auf dem Tisch und nur in mühsamer Kleinarbeit zu lösen, die eine 3000-jährige patriarchale Wirkungsgeschichte dieses »Falls« uns beschert hat. Einen Beitrag zu dieser Kleinarbeit möchte ich hier vorstellen.

Zur Einstimmung zitiere ich eine volkstümliche Version des »Sündenfalls«, die nach meiner Erfahrung auch heute noch verbreitet ist. Sie lautet, Adam habe der an ihn, nicht an Eva, zuerst ergangenen Versuchung widerstanden. Dies besagt, daß Adam auch, wo es um Versuchungen geht, zuerst kommt (er ist schließlich der Mann) und daß er zweitens der Frau moralisch weit überlegen ist: die vorbildliche Haltung Adams rückt die unglaubliche Schwäche und Sünde Evas erst ins rechte Licht. Ein Beispiel für viele zitiert der Romanist Erich Auerbach in seiner »Mimesis«, nämlich ein volkstümliches Mysterienspiel »Le mythe d'Adam« aus dem 12. Jahrhundert:

»Regieanweisung: Adam soll zu Eva kommen, der ärgerlich darüber ist, daß der Teufel mit ihr gesprochen hat, und soll ihr sagen:

Adam: ›Sag mir Frau, was suchte denn der böse Satan bei dir? Was wollte er von dir?‹

Eva: ›Er sprach mir von unserem Vorteil!‹

Adam: ›Glaub doch dem Verräter nicht! Er ist ein Verräter, ich weiß das wohl.‹

Eva: ›Woher denn?‹

Adam: ›Ich habe es erprobt!‹«[5]

Adam hat die Versuchung vor Eva bestanden – und natürlich ist er als Mann dem Teufel, d.h. der Schlange, nicht auf den Leim gegangen. Beruhigt kann der kleine französische Mann von der Straße nach Hause gehen, seine Überlegenheit über seine Frau ist ihm wieder mal und aufs Metaphysischste bestätigt worden.

Was die Rolle des »Sündenfalls« in meiner persönlichen Biographie angeht, wird mir zunehmend deutlich, welches Schuld-Sühne-Syndrom mit der Gestalt der Eva verknüpft ist. In meiner theologischen Ausbildung bin ich nie auch nur von ferne auf die Idee gekommen, meine »theologischen Väter« anzuzweifeln, die in der Eva die Verführerin zur Sünde sahen. In diffuser Form und eher indirekt wurde dabei suggeriert, diese Sünde habe etwas mit Sexualität zu tun. Frauen sind sündhaft, weil sie Männer in sexuelle Abgründe reißen, lernte ich, und dies bedeutet viel mehr als nur eine sexuelle Entgleisung, dies sollte seit Augustinus die Erbsünde schlechthin sein. Woher wir Frauen diese abgrundtief sündige Natur haben und was uns trieb und treibt, gegen Gottes Gebot zu handeln, wieso wir kaum eine andere Alternative haben, als Huren oder Heilige zu sein ..., all diese Fragen dachte ich mir seinerzeit nicht aus, sie stellten sich mir zwangsläufig aufgrund der Moral, in der ich aufwuchs.

Heute weiß ich mehr und sehe, daß diese »Sündenfallmoral« ein Dilemma einschließt, weil sie weder mit den Liebes-Bedürfnissen von Frauen, noch mit denen der Männer, noch mit der »weltlichen« Sexualmoral in Einklang zu bringen ist. Im Zuge der sexuellen

»Befreiung« der sechziger und siebziger Jahre war es z. B. nicht nur erlaubt, verführerisch, attraktiv und sexy zu sein, sondern geradezu geboten. Deswegen befreite uns diese »Befreiung« auch nicht. Sie entpuppte sich vielmehr als neue Falle, besonders für Frauen, die der »Männer-Phantasie« Glauben schenkten, eine Frau habe immer und überall sexuell verfügbar zu sein, sonst sei sie prüde und zickig. Unter dem Stichwort der »repressiven Entsublimierung« (Marcuse) wurde dieses Problem zumindest intellektuell begriffen und bearbeitet. Doch seit kurzem habe ich das fatale Gefühl, von meiner puritanischen Vergangenheit wieder eingeholt zu werden, wenn ich z. B. in »psychologie heute« lese, daß nicht die Sex-Bombe das ideale Frauenbild in der Werbung abgibt, sondern eine Frau mit den Eigenschaften: »jungfräulich, sauber und konservativ.«[6] Das ruft Erinnerungen wach, und ich sehe das Bild einer säkularisierten Maria vor mir, wie sie mir beizeiten als Ideal vorgestellt wurde: die reine Jungfrau und Mutter, die ganz Frau wurde und sich ganz erniedrigte, ohne jedoch in die Niederungen der Sexualität zu geraten ...! Gibt es schon wieder einen neuen Widerspruch für die Frau, oder ist es nur der alte in neuem Gewande? Ich halte das zweite für wahrscheinlicher und glaube, daß der Weg von Maria zu Eva, der eine Etappe auf dem Weg meiner theologischen und weiblichen Bewußtwerdung kennzeichnet, gegenwärtig für alle Frauen aktuell ist.
Wie diesen Bemerkungen zu entnehmen ist, kann und will ich meine subjektive Betroffenheit bei der Erörterung des »Sündenfalls« nicht aussparen: Hier geht es schließlich um feministische Bibellektüre und Hermeneutik. Ich betrachte nun das Sündenfall-Drama und gliedere meine Ausführungen entsprechend den Rollen der daran beteiligten Personen.

2. Das Sündenfalldrama als Sturz der Göttin und ihres Heros

2.1 Der Sündenfall als Mythos

Der Sündenfallmythos bzw. die »sagenhafte Erzählung vom Sündenfall«, wie Frank Crüsemann lieber sagen möchte, wohl um die Seriosität des Textes zu betonen, weil ihm der Mythos suspekt ist[7], ist eine mythologische Erzählung und kann nur angemessen interpretiert werden, wenn der »mythologische Code« verstanden und decodiert wird (Michel Clévenot).[8]
Der Mythos besitzt seine eigene Wahrheit in einer mit unserem

Unbewußten korrespondierenden Gestalt. In ihm spiegeln sich Tiefen-Erfahrungen der Menschheit ebenso wie unsere eigene seelische Tiefe. Wer den Mythos historisiert und die biblische Tradition ent-mythologisiert (ein Begriff und ein Programm, die besonders mit dem Namen Rudolf Bultmann verknüpft sind), möchte diese Tiefe »in den patriarchalen Griff« bekommen, möchte die »religiöse Dimension der Tiefe« (Paul Tillich) in diesen Mythologien verflachen und die mythischen Bilder ihrer imaginativen Kraft und Vieldeutigkeit berauben. Es geht also nicht um Ent-, sondern um *Re-Mythologisierung*, d.h. um die Wiederentdeckung der Weisheit und der Heilkraft von mythischen Bildern und um die *Ent-Mystifizierung* von patriarchalen Mystifikationen, d.h. Pseudo-Geheimnissen und falschen Mythen.
Die Wiederentdeckung matriarchaler Mythen könnte sich als einer der wichtigsten Impulse für den Feminismus allgemein und die Theologie im besonderen erweisen. Wer die überzeitliche, d.h. nie vergangene und stets aktuelle Bedeutung des Mythos aggressiv als »Mythensalat« ablehnt[9], weil sie auch beim Mythos exklusiv die historische Betrachtung für wahrheitsträchtig hält, schneidet sich von ihren Wurzeln ab, wie Catharina Halkes zu Recht kritisiert. Der Mythos bringt nach Meinung ernstzunehmender Wissenschaftlerinnen und Wissenschaftler die Tiefendimension der Historie zum Ausdruck, in der wir existenziell in unserem Unbewußten, dem Bereich unseres Verbundenseins mit dem Göttlichen, berührt werden (Mircea Eliade, Claude Lévi-Strauss, Heide Göttner-Abendroth, die Jungianer u.v.a.). Der Mythos bildet eine durch die Wechselfälle der Historie sich durchhaltende Struktur, eine »structure permanente«, wie der französische Strukturalist Claude Lévi-Strauss darlegt.[10] Wer den Mythos ablehnt und verachtet, sagt Robert von Ranke-Graves, verachtet in Wahrheit die Macht der Liebe und die Macht der Göttin:

»Wenn Sokrates die poetischen Mythen verachtete, verachtete er in Wahrheit die Mondgöttin, die sie alle inspirierte und die verlangte, daß der Mann der Frau geistig und sexuell Ehre erweise: was platonische Liebe genannt wird, nämlich die Flucht des Philosophen vor der Macht der Göttin in intellektuelle Homosexualität, das war eigentlich sokratische Liebe.«[10a]

Auf den Mythos als Begriff, Methode und Weltdeutungskonzept zu verzichten, wenn es um ein angemessenes Verständnis der mehr als 5000 Jahre alten Mythologien geht, die im Sündenfall bearbeitet werden, ist nur um den Preis exorbitanter Mißverständnisse möglich. Die Abwehr des Mythos ist bei traditionellen Theologen verbreitet. Bei näherem Zusehen entpuppt sie sich, ähnlich wie die patriarchalen Umdeutungen matriarchaler Mythen, als ein verständliches Anliegen, das dem Wunsch entspringt, die matriarchale Epoche der Menschheit aus dem Bewußtsein zu tilgen und/oder patriarchal zu vereinnahmen. Dies ist der tiefere Grund dafür, daß sich z.B. Gerhard von Rad folgendermaßen gegen die mögliche Einbeziehung des mythischen Hintergrundes bei der Exegese des Sündenfalls sträubt:

»Die größte Selbständigkeit [...] zeigt der J. durch den Vorbau einer Urgeschichte.« »Ein [...] Beweis dafür, daß der J. in jener theologischen Verbindung von Urgeschichte und Heilsgeschichte keine Vorgänger gehabt habe, läßt sich nicht führen. Andrerseits fehlen alle Anzeichen, daß der J. hier schon einer vorgegebenen Tradition folge. Diese Schau ist so einmalig, und man glaubt jenem noch Lockeren der ganzen Komposition das Wagnis des ersten Wurfes noch abfühlen zu können.«[11]

»Das Wagnis des ersten Wurfes«, das von Rad hier noch abzufühlen meint, ist der mühsame Umdeutungsversuch des Jahwisten, der eine mehrtausendjährige Tradition bearbeitet. Doch v. Rads Unterstellung ist nur eine der vielen haltlosen Behauptungen über den »Sündenfall«, dessen Deutungsgeschichte eine Geschichte der Ausblendungen, Mißverständnisse und Fehldeutungen ist.

2.2 *Der Mann Adam – Heros, Mit-Sünder und Herr*

Was die Auslegungsgeschichte des »Sündenfalls« u.a. stets ausgeblendet hat, ist eine bestimmte Eigentümlichkeit der Rolle Adams, die aus unbefangener Sicht sogleich ins Auge springt. Der Mann Adam erscheint hier nicht besonders viril im Sinne des Patriarchats. Er entpuppt sich bei näherem Zusehen vielmehr als eher »inferiorer Typ«, wie Phyllis Trible meint. Sie schildert ihn als einen Mann mit ausgesprochen patriarchal-weiblichen Zügen, nämlich als passiv, dumm, empfangend:

»Im Gegensatz (zu Eva) ist der Mann still, passiv und lediglich ein Empfänger, »und gab ihrem Mann, der bei ihr war, auch davon, und er aß« [...] Der Mann stellt keine Überlegungen an, auch keine theologischen, er sieht die Möglichkeiten, die in diesem Geschehen liegen, offenbar gar nicht. Seine eine Haltung ist auf den Magen hin orientiert, sie entspringt der Untätigkeit, nicht der Initiative.
Der Mann [...] folgt seiner Frau, ohne zu fragen oder etwas zu sagen [...] Wenn die Frau intelligent, sensibel und klug ist, so ist der Mann passiv, roh und untüchtig [...] Ich betone diesen Gegensatz, um patriarchalische Interpretationen zu unterhöhlen, die dem Text fremd sind.«[12]

Diese herabwürdigende Deutung Adams teile ich nicht. Sie stellt eine Projektion der sonst üblichen Verachtung der Frau auf den

Mann dar, kommt aber dem gemeinten Sinn nicht nahe. Auch der traditionellen Exegese, die in dem angeblich verführten Mann einen hilflosen Mit-Sünder sieht und dies (darin durchaus der Absicht des jahwistischen Textes folgend) als Ausdruck des geringeren männlichen Schuldanteils am Sündenfall bewertet, entgeht der eigentliche Sinn der Rolle Adams. So sieht Gerhard von Rad ebenso wie Claus Westermann (Frank Crüsemann läßt hier wenigstens ansatzweise eine verhaltene Kritik erkennen) in dem verführten Mann den *Mit-Sünder* und bewertet dies (darin durchaus der Absicht des jahwistischen Textes folgend), als Ausdruck des geringeren männlichen Schuldanteils am Sündenfall. Dies entspricht auch der verbreiteten Volksmeinung, wie wir sahen.

Die Deutung von von Rad befriedigt indes so wenig wie die von Phyllis Trible, Claus Westermann und Frank Crüsemann. Denn natürlich ist Adam nicht roh, dumm und untüchtig oder ein hilfloser Mitsünder, weil er sich von Eva dazu verführen läßt, sich praxisrelevantes Wissen darüber anzueignen, was für Frauen und Männer gut und was für sie schlecht ist. Im Gegenteil. Aus unbefangener Sicht wie aus mythologischem Blickwinkel kann man nur sagen, Adam benimmt sich sehr klug, weil er wichtige Dinge lernt. Er benimmt sich überdies ganz im Sinne eines wirklichen Helden (Heros), indem er diese wichtigen Dinge von einer Frau lernt. Doch wie konnte dieses sinnvolle Lernen als Dummheit oder Sünde mißverstanden werden? Die Lösung dieser Rätselfrage erfordert einerseits kriminalistischen Scharfsinn, andrerseits die Einbeziehung der historischen Entstehungsbedingungen des Textes.

Die Urgeschichte und der Sündenfall (1. Mose 2 und 3) wurden etwa um 950 v. Chr. vom Jahwisten (J) niedergeschrieben, also zur Zeit der Königsherrschaft Salomos. Diese Zeit war von einschneidenden Umwandlungen im Volke Israel gekennzeichnet, das sich von einem großfamiliär geordneten Nomadenvolk zu einem staatlichen Gebilde entwickelte. Dazu gehörte die Bürokratisierung und Hierarchisierung aller Lebensbereiche, also auch die Verfestigung (oder Herausbildung) hierarchischer Beziehungen zwischen Mann und Frau. Um die Bedeutung richtig einzuschätzen, die der J der Rolle Adams vermutlich beimißt, scheint es unerläßlich, die *Produktionsbedingungen* für die Abfassung dieses Textes zu berücksichtigen (Michel Clévenot).[13] Danach hat der J die zu seiner Zeit herrschenden Zustände vor Augen und verfaßt in seiner Eigenschaft als Hofschreiber Salomos eine »königliche Ausgabe« der mündlichen Überlieferungen der Nord- und Südstämme. Bei der Abfassung von 1. Mose 2 und 3 greift er auf bekannte matriarchale

Ursprungs- und Schöpfungsmythen, besonders babylonischer Herkunft, zurück. Sein Anliegen ist es, die Verhältnisse im Reiche Salomos zu erklären und zu rechtfertigen.

Clévenot erkennt, anders als etwa von Rad, m. E. zu recht nicht nur *ätiologische*, sondern auch *legitimatorische* Absichten im jahwistischen Text. Legitimationsbedürftig ist die Herrschaft des Königs über sein Volk und die Herrschaft des Mannes über die Frau. Die berühmte Herrschaftskritik im jahwistischen Geschichtswerk bezieht sich allerdings kaum auf den zweiten Bereich, d. h., sie ist keine Patriarchatskritik. Was verständlich ist; denn in der Umbruchsituation zur Zeit Salomos fanden, wie Richard Fester meint, heftige Auseinandersetzungen mit weiblicher »Herr«-schaft statt[14], und man hatte alle Hände voll zu tun, um das neu entstandene Patriarchat zu festigen. Salomo war einer der jüdischen Patriarchen von allerhöchstem Format nicht nur als König, sondern auch als Mann, wenn wir der Aussage in 1. Könige 11,3 glauben dürfen, wo es heißt, dieser Herrscher habe 700 Haupt- und 300 Nebenfrauen sein eigen genannt. Ein »Ober-Chauvi« würden wir heute in feministischem Jargon sagen, der einen unauslöschlichen, seine Nachfolger prägenden Eindruck, hinterlassen hat. Doch die traditionelle Exegese verliert kein einziges kritisches Wort über den denkbaren Zusammenhang zwischen einem chauvinistischen Herrscher und einem entsprechenden erkenntnisleitenden Interesse seiner Hofschreiber bei der Niederschrift des »Sündenfalls«. Bis auf Georges Casalis, der eine in ihrer Kürze ergreifende Kritik an Salomo übt, wenn er über dessen Harem sagt: »Wohl ein für ihn wie die Frauen unbefriedigender Zustand!«[15] Es sei nur die Frage erlaubt, ob es nicht vielleicht doch einen winzig kleinen Unterschied gegeben haben könnte, in der Art wie dieser Harems-Zustand die Frauen unbefriedigt ließ im Vergleich zu der Art, wie er den unglücklichen Herrscher Salomo frustierte?

Wie dem auch sei, in der jüdisch-christlichen Tradition ist Salomo nicht kritisiert worden, sondern galt als männlich-königliches Idealbild schlechthin, mit dem alle seine Nachfolger sich zu identifizieren strebten (Casalis). Um so brisanter ist die Frage, warum der J Adam im Sündenfalldrama als »inferior« darstellt und ihm den passiven Part zuweist. Will er damit die Männerherrschaft angreifen, weil »patriarchale Interpretationen seinem Text fremd sind«, wie Trible meint? Ist er gar ein verkappter Feminist? Ich halte das für völlig unwahrscheinlich. Der J wußte sicher, was er sagte, als er die Un-Beziehung zwischen Mann und Frau als Folge eines Sündenfalls deutete, an dem die Frau schuld sei. Wenn Phyllis Trible darin eine Kritik an der Herrschaft des Mannes sehen will, übersieht

sie diesen Pferdefuß. Auch Trible müßte sehen, daß der »Sündenfall« nicht dem »schwachen« Adam angelastet wird, sondern daß dieser als *beklagenswertes Opfer* der verführerischen und klugen Eva, der eigentlichen Sünderin, erscheinen soll. Gewinnt der arme Adam damit nicht sogar die ganze Sympathie von uns Frauen? Trifft er uns nicht an der schwächsten Stelle unseres (patriarchalen) Frauseins, der tief zerstörten Mütterlichkeit, die angeblich alles versteht und alles verzeiht – selbst, wenn es eines gewissen Masochismus bedarf, um dieses »alles verstehen« durchzuhalten?
Diesem Masochismus erliegt m. E. Phyllis Trible, wenn sie in der Aussage: »... er aber soll Dein Herr sein«, nicht die Genehmigung männlicher Vorherrschaft, sondern ihre Verdammung erblickt. Der Jubel der Theologen von Paulus bis heute, die ebenfalls diese Ideologie vertreten, aber gleichzeitig leugnen, daß Frauen unterdrückt werden (ein unauflösbarer Widerspruch patriarchatsbejahender christlicher Theologie), ist ihr gewiß. Der meine nicht. Der Satz über das Herrsein lautet in vollständiger Fassung:

»Nach deinem Mann sollst du verlangen, er aber soll dein Herr sein.« (1. Mose 3,16b)

Wenn ich mir vorstelle, daß ein Mann, mit dem ich eine Liebes-Beziehung habe, so etwas zu mir sagt oder auch nur so denkt, packt mich kalte Wut. Wie kann ich einem Menschen gegenüber, der mich beherrscht, ich selbst sein? Wie mich gegen ihn abgrenzen und mich wehren, wo es nötig ist, *wenn ich meinen Beherrscher begehre?* Eine Herrschaftsbeziehung nährt stets die Abwehr gegen Liebe, Nähe, Wärme und Hingabe. Wenn ich nach einem Mann Verlangen trage und ihn lieben will, gibt es nur einen Ausweg aus dem Dilemma, der mein Liebes-Verlangen befriedigt und die Herrschaftsbeziehung unangetastet läßt: ich bejahe das Beherrschtwerden, ich mache die Sicht meines Herrn zu meiner eigenen: *ich identifiziere mich mit dem Aggressor* (Alexander Mitscherlich). Es gab und gibt Frauen, die dies in vorbildlicher Weise getan haben. So etwa Claire Goll, wenn sie sagt: »Trotz aller feministischen Bewegung bleibe ich bei meiner Meinung, daß die Frau ein minderes Wesen ist und dem Mann niemals ebenbürtig sein wird.«[16] Auf demselben Prinzip basiert der bekannte Bestseller von Esther Vilar, »Der dressierte Mann«. Und nichts prinzipiell anderes erkenne ich in dem Bemühen Phyllis Tribles, den »Sündenfall« zwar gegen den »patriarchalen Strich« lesen zu wollen, aber trotzdem einen weiblichen Rechtfertigungsversuch für die theologischen Väter zu unternehmen, indem sie findet, der Sündenfall meine das Gegenteil von dem, was er allen, die Ohren haben zu hören, seit 3000 Jahren kundgetan hat.

Der Sündenfall erzählt indes nicht nur von der korrumpierten Beziehung zwischen Mann und Frau. Er berichtet indirekt von einer anderen Art der Beziehung zwischen den Geschlechtern. Die »heimliche Botschaft«, die er enthält, scheint auf Traditionen zurückzugehen, die die Stärke und Klugheit der Urmutter Eva voraussetzen. Die Fülle matriarchaler Reminiszenzen im Sündenfall (die Bezeichnung Evas als Mutter aller Lebenden, die Lebensbaum-Überlieferung, das Symbol des Apfels, das Paradies und die Schlange) zeigt eindeutig, daß der J keineswegs »ex nihilo« die Urgeschichte komponierte, sondern ganz im Gegenteil die größte Mühe hatte, die elaborierte matriarchale Mythologie, die er vorfand, in ihr Gegenteil zu verdrehen.

Ein Blick auf den *kulturgeschichtlichen Hintergrund* bestätigt die Vermutung, daß zur Zeit des Königs Salomo das Patriarchat noch nicht fest etabliert, sondern ein erst noch »durchzusetzendes Programm«[17] war. Wie wichtig dem J die Legitimierung der neu entstandenen patriarchalen Verhältnisse war, zeigt die Umdeutung der verehrten Urmutter Eva in eine aus der Rippe Adams entstandene Gefährtin des Mannes (1. Mose 2). Hier wird der Skopus, der eigentliche Sinn der jahwistischen Urgeschichte unmißverständlich deutlich. Es geht um die *Umkehrung der natürlichen Verhältnisse*, um die Verkehrung des matriarchalen Glaubens an die weibliche Schöpferinkraft der Frau und der Mutter Erde in die Annahme einer ausschließlich männlichen Urheberschaft des Lebens. Adam gebiert Eva aus seiner Rippe. Er verleiht ihr, wie den Tieren und Pflanzen (1. Mose 3,18ff), ihren ureigenen Namen »Mutter aller Lebenden«! Die Namensgebung ist ein Zeichen für Herr-schaft, In-Besitz-Nehmen. Adam verleiht durch diese symbolische Handlung Eva eine neue, von ihm herzuleitende Identität. Die Umdeutung weiblicher Mythen im oben angezeigten Sinn war nichts Besonderes, sondern gang und gäbe beim Umbruch zum Patriarchat.[18] Wie im Sündenfallmythos findet sich in allen männlichen Mythen eine auffällige Tendenz zur Legitimierung von Herrschaft, die in matriarchalen Mythen durchweg fehlt.

Was das Patriarchat rechtfertigen muß, ist die Entthronung der dreifaltigen Göttin, der »Großen Mutter« bzw. der »Mutter aller Lebenden« und die Entrechtung der Frau, die damit einhergeht. Im Gegensatz zur gängigen Geschichtsschreibung wird im aktuellen wissenschaftlichen Diskurs zunehmend die Meinung vertreten, daß die Frau am Anfang aller Kultur stehe.[19] In matriarchalen Kulturen entstanden die Sprache, die Werkzeuge, die Heilkünste und die

Rechtsprechung. In diesen Kulturen verehrte der Mann, der nicht wußte, ob und welches Kind von ihm gezeugt war, die Frau als Spenderin des Lebens und Garantin ewigen Lebens (Richard Fester u. a.).

Die sich formende israelitische Männergesellschaft führte, wie das AT belegt, einen harten Kampf gegen uralte, tief verwurzelte und verführerische matriarchale Kulte, in denen die Göttin verehrt wurde[20], den Kampf gegen die sogenannten »Fruchtbarkeitskulte«. Auf diesem Hintergrund wird deutlich, was der Sündenfall erzählt und verarbeitet: es ist *die Erfahrung des Machtmißbrauchs durch Männer*. Daher das auffällige Rechtfertigungsbedürfnis in diesem wie in allen anderen patriarchalen Mythen. Die Frau Eva, die dem Mann den Apfel (bei der »Frucht« kann es sich mythologisch gesehen nur um den Liebesapfel aus dem Apfelgartenparadies der Göttin handeln), das Symbol weiblicher Macht und Weisheit, übergibt, gibt dem Mann symbolisch Anteil an ihrem Wissen (vgl. die »Stuppacher Madonna«, wo Maria Jesus den Apfel gibt s. S. 104 d. U.). Dann berichtet der »Sündenfall« also von einer Frau, die initiativ und mutig eine Entscheidung von weltpolitischer Tragweite fällte, als sie trotz des Verbots eines furchterregenden männlichen Gottes auf die in der Schlange verkörperte Weisheit hörte (vgl. S. 106 d. U.) und vom Baum der Erkenntnis aß. Diese Frau erscheint auf den ersten Blick nicht nur klüger als der Mann, sondern auch mutiger. Sie wußte ihre Wissenskompetenz durchaus in Einklang mit ihrer weiblichen Identität zu bringen und kannte ganz offenbar die Angst noch nicht, durch zu viel Intellektualität und Selbständigkeit ihre Identität als Frau zu verlieren, eine Frauengestalt, die wir uns nicht ohne weiteres heute vorstellen können, weil man uns zu gründlich abtrainiert hat, an unsere eigenen Einsichten zu glauben (vgl. S. 52 d. U.).

Die im Sündenfall geschilderte Strafe Evas ist unter dieser Voraussetzung sehr subtil und grausam, denn sie ist eine doppelte und dreifache. Mythologisch gesprochen wird der von ihr geborene männliche Heros zum Gott Adams und durch ihn vermittelt, auch zu dem ihren. Eva wird ihrem eigenen Heros, den eigentlich sie initiiert, zur Liebe bezaubert und weise macht, ausgeliefert und untertan gemacht. Ihre schöpferische Lust am Gebären soll sie von nun an als Strafe dieses Gottes interpretieren. Ihre Gebärfähigkeit, die ihr bis dahin Würde und Macht verlieh, wird zum Fallstrick, der sie dem Mann ausliefert; denn durch sie hindurch pflanzt er sich von nun an selber fort und degradiert die Frau zum Instrument seiner Zeugungskraft, wie die patriarchale »Weisheit« lautet:

»Eine Frau soll lernen in der Stille und mit aller Unterordnung. (12) Einer Frau gestatte ich nicht, daß sie lehrt, auch nicht, daß sie den Mann

Die Stuppacher Madonna überreicht Jesus den Apfel, Symbol matriarchaler Weisheit

zurechtweist, sondern sie sei still. Denn Adam wurde zuerst geschaffen, danach Eva. Und nicht Adam wurde verführt, sondern die Frau wurde verführt und ist der Versuchung erlegen. (15) Sie wird aber dadurch gerettet werden, daß sie Kinder zur Welt bringt, wenn sie im Glauben bleibt und in der Heiligung samt der Zucht.« (1. Tim. 2, 11–15)

Je mehr ich mich in diese Eva einfühle, um so trauriger und wütender werde ich über die Schmach und Schande, die allen Evas zugemutet wurden.
Die konventionellen Theologen teilen diese Sicht des Sündenfalls als Sturz der Göttin und des Matriarchats nicht. Ihr Bemühen, dennoch eine plausible Interpretation dieses Mythos zu verfassen, führt zu weitgehend unverständlichen und vorurteilsverhafteten Ergebnissen. So wird die selbständige Rolle Evas in diesem Mythos, die nicht zu ignorieren ist, nur hervorgehoben, um dadurch ihre volle Verantwortlichkeit für das Sündigen zu unterstreichen. Grad so, als ob sie auch späterhin noch unter dem Legitimationsdruck des Jahwisten gestanden hätten, werden die männlichen Theologen nicht müde, die Minderwertigkeit der Frau zu beschwören *und* ihr zugleich die Schuld für die Sünden dieser Welt anzulasten: als »Einfallspforte des Teufels« und »Tor zur Hölle« galt sie dem Kirchenvater Tertullian, als »mißratenes männliches Wesen« dem Thomas Aquin im Mittelalter und schließlich als »Körper, der dem Kopf (= Mann) untertan ist«, dem modernen Theologen Karl Barth. Wie ungereimt es ist, die hohe Verantwortlichkeit der Frau für die Übel dieser Welt zu betonen, wenn zugleich ihre Minderwertigkeit vorausgesetzt wird, reflektieren diese Theologen nicht.

2.4 Die Schlange – Inkarnation des Bösen und befreiendes Symbol weiblicher Spiritualität

Auch der voreingenommenen Leserin und dem Leser des Sündenfallmythos müßte auffallen, daß dieser nur eine richtige Hauptrolle enthält: die der Schlange. Sie ist die ursächliche Initiatorin des Dramas, sie ist die einzige, die verflucht wird, sie wird als das andere Prinzip (ihr Same!) der Frau im Patriarchat, d.h. der Frau unter der Dominanz des männlichen Prinzips (1. Mose 3, 14), gegenübergestellt. Diese Aussage enthält eine Mitteilung über den Geschlechterkampf, der Todfeindschaft einschließt: *er* wird ihr den Kopf zertreten und *sie* wird ihn in die Ferse stechen! Aber welche Bedeutung hat die Schlange? Soll man von dem konkreten Tier ausgehen und nach metaphorischen Bedeutungen Ausschau halten – oder in der Schlange von vornherein ein Symbol sehen, aber ein Symbol wofür?

Die Schwierigkeit, hier eine klare Position zu beziehen, führte in der traditionellen Exegese zu recht kuriosen Lösungsversuchen, die indes nicht zum Ziel führen. So versucht von Rad die Schlange in ihrer Bedeutung von vornherein herunterzuspielen, und zwar so sehr, daß man sich nur noch wundern kann, warum der J sie überhaupt in seinem Text auftauchen läßt. Von Rad sagt, was die Schlange aus der Menge der Tiere ein wenig hervorhebe, sei einerseits ihre größere Klugheit. Im Widerspruch dazu steht seine Behauptung, bei der Versuchung durch sie handele es sich um einen *ganz unmythologischen Vorgang!* Das sei deshalb so dargestellt, weil der Erzähler offenbar bestrebt sei, die Verantwortung so wenig wie möglich aus dem Menschen heraus zu verlegen:[21]

»So versteht er [der J] unter der Schlange gewiß nicht nur die zoologische Species, [...] sondern er sieht in ihr zugleich in einer Art geistiger Hellsichtigkeit ein gestaltgewordenes *Böses*, das unerklärlicherweise innerhalb der geschöpflichen Welt *vorhanden* ist, das es gerade auf den Menschen abgesehen hat, ihm auflauert und ihn allenthalben auf Tod und Leben bekämpft. Die Schlange ist ja ein Tier, das vor allen anderen *unheimliche* Eigenschaften verkörpert, in denen es dem Menschen überlegen ist.«[22]

Diese Interpretation könnte vom J selber stammen, so kongenial drückt sie dessen Anliegen aus, in der Schlange das verdammenswerte Böse schlechthin zu sehen. Die äußerste Annäherung an ein angemessenes Verständnis des Schlangen-Symbols gipfelt in der Deutung dieses Tieres als Symbol des männlichen Phallus. Damit wird, wie Claus Westermann bemerkt, ein Symbol verwendet, das auf die kanaanäischen Fruchtbarkeitskulte verweist. Den naheliegenden Schluß aus dieser Einsicht wehrt Westermann indes sogleich ab, wenn er sagt, es wäre zwar eine mögliche Deutung, Israels Sünde darin zu sehen, daß der Kult der Schlange dem Dienst Jahwes vorgezogen wurde, doch sei dies nicht der Fall, weil der J die Schlange nicht dem Lebensbaum zuordne. So bliebe unerklärt, wie der kanaanäische Fruchtbarkeitskult die Erkenntnis von Gut und Böse bringen solle.[23]

Die Schlange Watlind (Wasserfarbe 1790)

Es erscheint mir unglaublich, daß auch die berühmtesten Theologen nicht auf die naheliegendste Deutung kommen – einfach deswegen nicht, weil sie ihre patriarchale Lese-Brille nicht ablegen können. Sonst hätte Westermann z. B. bemerken müssen, daß der J gar kein Interesse daran haben konnte, die Schlange, so wie es ihr zugekommen wäre, dem Lebensbaum zuzuordnen, um ihre positive Bedeutung herauszustellen; denn erstens mußte die Schlange als Symbol des Göttin-Kults verdammt werden, und zweitens sollten *Erkennen* und *Leben* getrennt werden, eine der äußerst verhängnisvollen patriarchalen Abspaltungen.

Wenn wir aber in der Schlange, wofür alles spricht[24], das uralte Symbol weiblicher Fruchtbarkeit und Klugheit sehen, weil die sich jährlich häutende Schlange wie der Mond ein religiöses Symbol für die ewige Wiederkehr des Lebens ist, das z. B. auch von der lebenhervorbringenden Frau symbolisiert wird, dann ergibt sich die einzig plausible Deutung für die Rolle der Schlange im Sündenfall, der, wenn man so will, ein Fall der Schlange ist. Im Sündenfallmythos liegt der patriarchale Versuch vor, die Göttin zu stürzen und weibliche Fruchtbarkeit, Lebens- und Göttin-Weisheit zu entwerten, zu dämonisieren und zu verfluchen und die unverzichtbaren weiblichen Fähigkeiten dem Mann zuzuschreiben. Dazu gehört an erster Stelle die Fähigkeit, neues Leben hervorzubringen durch physisches Gebären und schöpferische Liebe. Diese Schöpferkräfte werden in 1. Mose 1 und 2 dem männlichen Gott zugesprochen, der alles hervorgebracht haben soll. In dem weiblichen Geist dieses Gottes, der laut 1. Mose 1, 1 beim Schöpfungsakt über den Wassern schwebte, ist die weibliche Schöpferin-Göttin als eigenständige Gestalt nicht mehr zu erkennen. Auch Eva, die mit Hilfe dieses Gottes aus Adams Rippe entstanden sein soll, ist als Göttin, die den Heros Adam gebiert, unerkennbar geworden. In Analogie dazu wurde im patriarchalen griechischen Mythos die schaumgeborene Pallas Athene bei ihrer zweiten Geburt aus Zeus Kopf geboren, nachdem dieser Metis, die Mutter Athenes, »die Weisheit«, verschluckt hatte. Ein höchst anschauliches Bild für die im Patriarchat übliche Einverleibung weiblicher Weisheit, die in der Behauptung gipfelt, Männer könnten gebären, wie patriarchale Mystifikationen aussagen, wo Männer aus der Seite, aus dem Knie, aus dem Kopf usw. gebären, wie z. B. Josefine Schreier darlegt.[25]

Wenn die Schlange das Symbol weiblicher Macht und Weisheit ist, erzählt der »Sündenfall« vom *Umsturz*, dem Sturz einer naturliebenden Religion, der die Entrechtung und Entmachtung der Frau implizierte, und der Errichtung einer männerdominierten, die sich weibliche Elemente einverleibte und untertan machte. Die Beispiele, die Phyllis Trible für die »Weiblichkeit Jahwes« anführt, bezeugen diesen Vorgang. Sie sind also nichts anderes als der Beweis für die vollzogene Einverleibung und Unterwerfung der dreifaltigen Göttin. Es kann daher die Entdeckung weiblicher Seiten im männlichen Gottesbild nicht, wie Phyllis Trible und andere Feministinnen es wünschen (auch ich selbst!), die große Chance sein, das jüdische Gottesbild, so wie es ist, für die feministische Bewegung zu retten und als frauenbefreiend umzudeuten, ganz abgesehen davon, daß 3000 Jahre Unterdrückungsgeschichte der Frau, die an diesem Gott hängen, nicht einfach ignoriert werden können.

Die weibliche Weisheit, die die Schlange symbolisiert, wird von Jahwe verflucht (1. Mose 3). Dieser symbolische Akt läßt an Eindeutigkeit nichts zu wünschen übrig.

Einer der wenigen Männer, die die umwerfende Bedeutung der Schlange im Sündenfall in vollem Umfang erkannt haben, ist Ernst Bloch, der in ihr den »weisen Logos der Eva« sieht, das »lebenerzeugende Prinzip« und die »weltsprengende Vernunft schlechthin.«[26] Patriarchale Denker, wie der Jung-Schüler Erich Neumann[27], sehen das anders. Sie glauben, wie schon der J unterstellt, daß das »Große Weibliche« (Neumann) böse sei[28], weil es den Tod bringe und den armen Sohn be-»herr«-sche.[29] In der Projektion männlicher Gewalttätigkeit auf die Frau kehrt eine patriarchale Rechtfertigungsfigur wieder, die besagt, die böse Frau sei selber daran schuld, daß der arme, hilflose Mann sie vergewaltigen und unterdrücken müsse (vgl. Kap. II d. U.).

Im Sündenfall wird nur die Schlange verflucht als Symbol einer Weiblichkeit, die der Mann glaubte besiegen zu sollen. Da die Frau gebraucht wird (Männer können nicht gebären, auch wenn sie dies noch so sehr wünschen), wird Eva nicht verflucht, sondern »bekehrt« zu einer brauchbaren Form der Weiblichkeit, die der Mann verkraften und in sein patriarchales System integrieren kann. Als eine das Gebären als Zwang freudig akzeptierende Ehefrau und Mutter kann sie in aller Bescheidenheit, Stille und Unterordnung überleben (vgl. 1. Tim. 2,11ff).

Die Unterdrückungs-Situation der Frau im Patriarchat wird im Sündenfall als Folge eines Vergehens, der »Erbsünde«, dargestellt, an der die Frau schuld sein soll und die die Entfernung von Gott und den Verlust des Paradieses zurfolge hat. Das klassische Vorurteil, das von Jürgen Habermas bis Ernest Bornemann vertreten wird, lautet, es wäre der eigentliche Sündenfall gewesen, den »Garten der Tiere« (Bloch) bzw. die »naive« Einheit des Menschen mit der Natur nicht zu verlassen. In dieser Unterstellung

Schlangengöttin (Fayence, Kreta, mittlere minoische Periode)

spiegelt sich eine durch nichts zu rechtfertigende Überheblichkeit, die den Mann als Krone der Schöpfung sieht und glaubt, erst mit der Errichtung patriarchaler Gewaltsysteme sei so etwas wie Kultur entstanden.
Ist »der mißlungene Aufstand immer noch besser als die dicke Luft im Paradies?« fragt W. Wondratschek und stellt damit die patriarchale Klischeevorstellung von Paradies infrage. Mir erscheinen jedenfalls alle Paradiesvorstellungen suspekt und angsterregend, die die patriarchalen »Glückszustände« der Askese, Immobilität und Erstarrung verewigen wollen. Das Patriarchat kennt keine lebendigen Visionen von paradiesischem Leben, das in einer ständigen spannungsvollen, erotischen Umwandlung der Menschen und ihrer Lebenswelten (Habermas) im Rahmen einer natürlichen, friedlichen und freien Eros-Kultur bestünde. Das matriarchale Paradies dagegen existierte wirklich und in bestimmten Formen bis heute und bedeutete einfach, Menschen, Tiere und Pflanzen in normalen, schöpfungsgemäßen Verhältnissen leben zu lassen, d.h. ohne Krieg, ohne Welthungersnöte und ohne sinnlose Eroszerstörung.
Der J berichtet im Sündenfall vermutlich unfreiwillig, aber zutreffend, daß es stets die Frau war, die den Mann dazu verführen mußte, sich »praxisrelevantes Wissen«, eigene »Gnosis«, anzueignen, d.h., das Wissen davon, was für die Menschen gut und was für sie schlecht ist. Die Göttin Eva wollte, daß der Heros Adam ihr gleich und ebenbürtig sei. So wie seit urdenklichen Zeiten die Göttin den Heros und die Frau den Mann zur Liebe verführte und ihn damit in weibliche Weisheit initiierte; denn LIEBEN bedeutet ERKENNEN. Beides ist so wenig voneinander zu trennen wie Leben und Wissen(-schaft). »Werch ein Illtum«! (Ernst Jandel) ist es also, wenn der Mann glaubt, ein Wissen »an sich«, d.h. losgelöst von der Lebenspraxis, weiterentwickeln und mißbrauchen zu dürfen, was aus der Sicht der Wissenschaft heute z.B. so formuliert wird:

»Die hohe Autonomie der Vernunft hat es wahrlich nötig, die Erinnerung ihres Ursprungs gewaltsam zu tilgen [...] An der schwächsten Stelle weiblicher Macht schlägt Ödipus zu, und die erste männliche Machtergreifung dekuvriert sich als Anverwandlung, mimesis, an vorgegebene Herrschaft, bestätigt sich nicht als Neuschöpfung, wie sie jahrhundertelang vorgibt.«[30]

2.5 *Jahwe – ein umsorgender Gott, der eigene Erkenntnis verbietet und bestraft*

Der Gott des Sündenfalls ist ein Gott, vor dem man sich rechtfertigen muß, weil er Verbote aufstellt und Strafen verhängt, wenn Übertretungen vorliegen. Adam rechtfertigt sich, indem er Eva die Schuld gibt, Eva, indem sie die Schlange anklagt, diese kann die Schuld nicht weitergeben und wird verflucht. Die Strafe, die dieser Gott über Adam verhängt, die harte Feldarbeit auf dem dornigen Acker, ist eine Strafe, die natürlich auch Eva betrifft – das wußte der J damals so gut wie die modernen Exegeten heute. Nur wird Eva dreifach bestraft, denn auf ihr lastet der Gebärzwang, die Pflicht der Kinderaufzucht *und* der Dienst an und für ihren Herrn, den Mann.

Das düstere Bild dieses verbietenden und strafenden Gottes, der wie ein kontrollierendes, verurteilendes Über-Ich auftritt, wird ergänzt durch ein Verhalten, das in gewissem Kontrast zu dieser Kontrollfunktion steht: er macht den Menschen Felle und bekleidet sie. Darin entdeckt Phyllis Trible zu recht eine typisch weibliche Handlung. Die Freude der Frauen über diese Art der Würdigung weiblicher Qualitäten ist indes leider nicht ungebrochen; denn die »Weiblichkeit Gottes« unterstreicht nur die Autarkie, d.h. die Selbst-Mächtigkeit und Selbst-Herr-lichkeit des allmächtigen Vaters.

Das traditionelle Gottesbild hat die Frau und das Weibliche (das auch eine wesentliche Seite der männlichen Persönlichkeit darstellt) in eine *Schattenexistenz* verwiesen, die metaphysisch festgeschrieben, mithin für unveränderbar und zeitlos gültig erklärt wurde. Dies ist eine Form der Unterdrückung, die lautlos ein Bewußtsein einträufelt, insinuiert, das hinterrücks davon ausgeht, nur der *Mann sei der Mensch*, die Frau hingegen irgendetwas davon Abgeleitetes. Mir jedenfalls ging es jahrelang kaum anders als den meisten Theologinnen, die gar nicht auf die Idee kamen, die Muttergöttin neben dem allmächtigen Vatergott zu vermissen, nach der göttlichen Tochter neben dem Sohn zu fragen und eine weibliche Sophia und weise Alte neben dem männlichen Heiligen Geist einzuklagen. Die fehlenden weiblichen Gestalten als Verlust zu empfinden war schließlich schon fast Ketzerei, erschien als Angriff auf die tabuisierte Heiligkeit des Männlichen.

So geht es gegenwärtig also um zweierlei: die Göttin und damit eine frauen-, leben- und erosliebende Spiritualität, die die Heiligkeit des Lebens kennt, wieder in Geltung zu bringen, und den männlichen Gesetzesgott zu vermenschlichen, zu verlebendigen und in einer angemessenen Relation zur übergreifenden göttlichen Weisheit zu stellen, die diesen Gott hervorbrachte (vgl. Kap. II d. U.).

Die Folgerungen, die sich aus der feministischen Lektüre des Sündenfallmythos ergeben, sind weit umfangreicher als ich hier auch nur andeuten kann.

Eine der für mich persönlich wichtigen Konsequenzen ist, den »Gotteskomplex« anders als Horst Eberhard Richter[31] meint, als typische Erscheinung patriarchaler Machtergreifung zu erkennen, die zwar von Männern vorgenommen, aber von Frauen passiv geduldet oder sogar mitvollzogen wurde – sonst hätte sie kaum gelingen können. Eine der Formen, dies mitzuvollziehen, ist die, sich männlich-patriarchale Herr-scherattitüden und ein patriarchales Ego anzueignen, was häufig als »Emanzipation« mißverstanden wird. Frauen dürfen mindestens nominell den männlichen »Gotteskomplex« und das dazugehörige Ohnmachtsgefühl mit den Männern teilen. Die Versuchung, dieser Art von SELBST-Entfremdung zu erliegen, ist für viele Frauen genauso groß wie die, in der weiblichen Opferrolle zu verharren, weil beides mit gesellschaftlicher Anerkennung belohnt wird.

Eine weitere wichtige Erkenntnis meiner Sündenfallektüre ist, das Problem Sünde anders zu sehen als die herr-schende Theologie, nämlich nicht im Ungehorsam gegenüber einem belohnenden und bestrafenden Gott, sondern als patriarchalen Machtmißbrauch. Im Sündenfallmythos liegt demnach eine Rationalisierung und Rechtfertigung patriarchaler HERR-schaft vor. Befreiend ist die Einsicht in eine bei feministischem Licht betrachtet nicht vorhandene »Erbsünde« und schon überhaupt nicht gegebene »natürliche« Minderwertigkeit der Frau. Schließlich empfand ich es als ermutigend, an den Sinn von keiner wie auch immer gearteten Unterdrückung mehr glauben zu müssen (sei es die der eigenen »sündigen« erotischen Triebe, sei es die der eigenen patriarchalen Deformation), sondern an die unbegrenzbaren Möglichkeiten zur freien Entfaltung und Umwandlung (Transformation) *aller* Seiten einer Persönlichkeit. Es erscheint mir evident, daß die Theologin/Theasophin nicht zur Rettung des Patriarchats aufgerufen ist, sondern allenfalls zur Rettung des Mannes – der Frau, des Lebens und der Liebe ...

Der wirkliche Sündenfall besteht also darin, Macht zu mißbrauchen – gleich, ob dies Frauen oder Männer tun. Das Problem der Frau ist allerdings eher, eine von Männern geschaffene Gewaltkultur (vorwiegend unbewußt) zu affirmieren und zu fördern, das Problem des Mannes liegt eher darin, bewußt oder unbewußt, die Akte der Gewalt und Unterwerfung initiativ zu begehen.

Ich kann mir durchaus vorstellen (und möchte dies auch tun), *mit* christlich-jesuanischen Vorstellungen *gegen* patriarchale Ideologien zu streiten. Der leidende und wiederauferstehende Jesus ist m. E. nicht nur ein einzigartiger Rabbi und Menschensohn gewesen. In der Gestalt Jesu erkenne ich zugleich die Wiederkehr eines uralten matriarchalen Prinzips, nämlich den leidenden und wiederauferstehenden Heros, der matriarchaler Weisheit, Liebe und Erneuerung des Lebens treu blieb bis zu seiner Ermordung durch patriarchale Männer, die er selbst wahrscheinlich im Sinnes eines heroischen Selbst-Opfers um des Lebens und der Liebe willen verstand. Dieser Jesus als Neuer Adam und Heros könnte allen Männern Mut machen, sich aus den patriarchalen Verhaltens-Mustern der Gewaltanwendung und des Machtmißbrauchs zu befreien und erlösen zu lassen, ihre weibliche Seite (ihre erotische Verbundenheit mit der Natur, ihre Liebesfähigkeit) nicht länger abzuwerten und zu verdrängen und souverän genug zu werden, auch ihr Bild von der Frau nicht mehr spalten zu müssen in »jungfräuliche Mutter« (diesem paradoxen, unerfüllbaren Frauenideal), Vamp, Sexbombe, »femme fatale« (dem nur heimlich zugelassenen »Liebes-Ideal«) und nicht ernst zu nehmende alte Frau (die keine nennenswerte Rolle spielt).

Die Aufspaltung und Zerstückelung der drei grundlegenden Stadien und Dimensionen des weiblichen SELBST als Jungfrau/Mutter/weise Greisin ist eine Hervorbringung patriarchaler Geisteshaltung. »Siamo ni madonne ni putane ma donne!« (Wir sind nicht Heilige, nicht Huren, sondern Frauen), lautet ein Wahlspruch der italienischen Frauenbewegung. Und wenn wir den Einsichten Klaus Theweleits folgen[31], korrespondiert der »weißen Frau«, Krankenschwester und Gattin, »die rote Frau«, Krankenschwester (»Karbolmäuschen«), Proletarierin und Hure. Beide Bilder schließen sich in der Weise gegenseitig aus, daß die »anständige« weiße Frau nicht begehrenswert und die begehrenswerte rote Frau nicht »anständig« sein kann.

Der sündigen, »roten« Eva entspricht die reine, »weiße« Maria – bis in unsere Gegenwart hinein. Die Vermutung, Maria könne als Neue Eva für Frauen eine ähnlich positive Identifikationsgestalt sein wie Jesus, der Neue Adam, für Männer, ist leider falsch. Denn so wenig erstrebenswert es ist, sich mit der patriarchalen, von Gott bestraften Eva zu identifizieren, so fatal kann die Identifikation mit der patriarchalen Maria sein. Für Frauen haben nämlich beide Bilder denselben domestikatorischen Sinn. MARIA gewinnt ihre ganze Würde aus der Niedrigkeit vor Gott, dem Herrn, und aus der Tatsache, daß sie den Heiland gebar, dem sie sich anbetend unterwirft. Als Frau, die die Sonderstellung innehat, als einzige ohne Erbsünde zu sein, verweist Maria, wie Mary Daly zu recht anmerkt[32], alle anderen Frauen in einen Zusammenhang der Sünde, dem diese niemals entrinnen können – es sei denn, eine von ihnen dürfte noch einmal einen Heiland gebären. (Ähnliches gilt übrigens für die Gestalt Jesu, wenn sie nicht als nachzuahmendes Vorbild und Heiland-Heros, sondern als unerreichbare, *einmalige* Idealgestalt »vergottet« (Adolf Holl) wird.[34]

In der Gestalt der Eva, dies möchte ich als ein entscheidendes Ergebnis meiner Sündenfallektüre festhalten, wird trotz aller traditionellen Überformung die Erinnerung an eine noch nicht »allseits patriarchal reduzierte weibliche Persönlichkeit« festgehalten. Und auch im patriarchalen Maria-Bild sind trotz allem subversive, matriarchale Elemente und Reminiszenzen bewahrt.[34] Offenbar war die matriarchale Tradition, die der Jahwist vorfand und die in der Jesusbewegung wiederauflebte, so stark, daß sie hintergründig-subversive Wirkung behielt.

Diese aus feministischem Blickwinkel sichtbar werdenden Seiten in Eva und Maria können Frauen ermutigen, sich schrittweise aus der »psychischen Verankerung des Patriarchats in uns« zu befreien. Über eine *trotzige Bejahung* der von Männern den Frauen zugeschriebenen Sündhaftigkeit (wie z. B. bei Hildegunde Wöller, die von sich sagt: »Ich, die Hündin!«, SDR II, 1979), kann der Weg zu einer *aggressiven Zurückweisung* patriarchaler Zumutungen führen (so bei Mary Daly), hin zur Idee einer machtvollen Liebes-Revolution von Beziehungen und lustvoller Arbeit an einer *immerwährenden Veränderung patriarchaler Klischeevorstellungen, Machtverhältnisse und Menschen.* Wir können viele tausend Jahre patriarchaler Kultur nicht einfach überspringen oder ungeschehen machen. Doch wir können unsere Liebesfähigkeit stärken, die uns zu unpolemischer, nüchterner Patriarchatskritik ermutigt und zu LIEBE-vollem Kampf gegen das Patriarchat in allen Dimensionen befähigt. Es gilt, die christliche Religion zu einer Liebesreligion und unsere Kultur zu einer weiblich-biophilen umzugestalten.

Nicht nur Frauen treten gegenwärtig für eine solche »Verweiblichung« ein, sondern auch Männer, die eingesehen haben, daß wir ohne diese wohl nicht nur nicht sinnvoll *leben*, sondern nicht einmal überleben werden.[35]

Selbst der keines Feminismus verdächtige italienische »Macho« Frederico Fellini erkennt die Bedeutung von Weiblichkeit, wenn er über seinen Film »Die Stadt der Frauen« schreibt:

»Du darfst nicht vergessen, daß es kein Film über die Frauenbewegung ist, sondern ein Film über das Weibliche – und was ist das Weibliche? Es ist alles, nicht etwa, weil es sich auf die Frau bezieht, sondern weil es der unsichtbare Teil des Eisbergs ist, der Teil von Dir, den Du nicht kennst, und aus dem kommen Religion, Ethik, Kunst, Entscheidung.«[36]

Jenseits des Sündenfalls dürfen Frauen und Männer aufhören, an die Sündhaftigkeit des Weiblichen, des Eros, der Sexualität und Erotik zu glauben. Sie müssen erotische Liebe und eine fruchtbare Göttin nicht mehr für böse, Herr-schaft und knechtische Unterwerfung unter einen männlichen Gesetzes-Gott hingegen nicht mehr unbesehen für gut halten. Jenseits des Sündenfalls fallen die patriarchalen Definitionen von Gut und Böse in sich zusammen und werden sinn-los. Denn es gibt dann kein mit der Natur und dem Weiblichen identifizierbares Böses mehr, sondern nur noch Lebenförderndes oder -schädigendes, Frauen- (und Männer-) befreiendes oder -unterdrückendes Verhalten und Handeln.

Jenseits des Sündenfalls beginnt kein patriarchales Paradies ohne Tod, also kein tödlich »ewiges« Endlos-Leben, doch gewiß das glückliche Leben, das wir ersehnen.

Der »Sündenfall« als Liebes-Fall – Didaktische Skizze

1. Zur didaktischen Konzeption

»Jedem, den man zwingt,
nicht mehr unbedingt zu lieben,
hat man die Wurzeln seiner Kraft abgeschnitten:
er muß verdorren,
nämlich unehrlich werden.« (*Friedrich Nietzsche*,
Unzeitgemäße Betrachtungen)

». . . und hätte die Liebe nicht, so wäre ich nichts . . .
Nun aber bleiben Glaube, Liebe, Hoffnung, diese drei;
aber die Liebe ist die größte unter ihnen.«
(Paulus im 1. Brief an die Korinther 13,2.13)

»Ama et quod vis fac!« *(Augustinus)*

Nietzsche, Paulus und Augustinus zufolge gibt es nur *ein* übergeordnetes Lernziel für christliche Unterweisung und Verkündigung, und dies ist die Entfaltung der spirituellen ganzheitlichen Liebe. Nietzsches Vermutung, keine Frau und kein Mann würde von sich aus auf die Idee kommen, *nicht* unbedingt zu lieben, dazu müßten diese schon mit Gewalt gezwungen werden, stürzt unser gewohntes Weltbild um. Denn halten wir es nicht eher für »normal«, NUR DANN ZU LIEBEN, WENN WIR AUCH WIEDERGELIEBT WERDEN? *Falls* die oder der Geliebte mir treu ist und *falls* er/sie meine Erwartungen erfüllt, *falls* sie (er) eine gesunde, gute, schöne, erfolgreiche Frau (Mann) ist, dann werde ich sie/ihn lieben. Daß keine Frau und kein Mann von sich aus auf die Idee kämen, ihre Liebe an solche Bedingungen zu knüpfen, wissen wir alle aus der Evidenz der Liebeserfahrung. Dies können wir auch von Kindern lernen, und dies entspricht auch den Ergebnissen der Matriarchatsforschung über den Eros als tragendem Prinzip einer nicht-patriarchalen, d. h., am Prinzip der (Mutter-)Liebe orientierten Sozial- und Lebensform.[1]

Wir werden mit der Fähigkeit zur bedingungslosen Liebe geboren, und es ist sehr mühsam, uns diese Fähigkeit abzutrainieren, denn wir können uns vom ersten Lebensaugenblick an in unsere Mutter, unseren Vater und in alle Personen und Dinge, die uns begegnen, verlieben. Die göttliche Gabe der Liebe brauchen und können wir also gar nicht erwerben oder verdienen, etwa durch den richtigen Glauben an den richtigen Gott, diese können wir nur entfalten oder zerstören, wie uns die Historie und unsere eigenen Erfahrungen lehren. Die Liebeszerstörung, die sich in die sogenannte »christliche Liebe« eingeschlichen hat, ist die Folge eines rückwärtsgewandten, pessimistischen Glaubenssystems, das einmalige Ereignisse der Geschichte und den Glauben an dogmatische Lehren und Gesetzesformeln für wesentlicher erklärt als die uralten »Gesetze« der Liebe und des Lebens, die jede und jeder in der einmaligen Gegenwart erfährt. Doch wie Paulus bemerkt, gibt es eine eindeutige Prioritätensetzung bei der Liebe und diese braucht patriarchale Gesetze, Dogmen und Ideologien nicht gewaltsam zu bekämpfen, weil sie sie schlicht gegenstandslos machen kann. Wie am Beispiel Jesu zu lernen ist, geht es um die Liebe als Prinzip sozialen Verhaltens, das Schwache, Arme und Außenseiter integriert, und die Beglückung und Beseligung aller ermöglicht, die sich der Liebe öffnen. Alle Liebenden fühlen sich wie im Himmel bzw. sind im »Reich der Himmel«, das mit der Herr-schaft eines vorgeblich allmächtigen Gottes keine Gemeinsamkeiten hat. Wer die spirituelle, ganzheitliche Liebe verkündet und lebt, verkündet das Mutterprinzip oder mythologisch gesprochen DIE GÖTTIN. Jesus hat in diesem Sinne die Göttin verkündet, und einen Vatergott, der die Liebe ist – nicht aber das jüdische Gesetz und einen Gott, der straft, belohnt und dem man sich unterwerfen soll.

Christliche Didaktik kann aus unbefangener Sicht betrachtet nur materialistische Didaktik, d.h. »Mater«- bzw. Mutter-Didaktik sein (Materie leitet sich von mater her), die die kosmischen Prinzipien der Mutter Erde und das Mutter-»Gesetz« der Liebe über das Vater-Prinzip der Ent-Leiblichung, Ent-Erotisierung und Ent-Materialisierung, kurz: des »muttermörderischen Logos« (C.G. Jung) stellt. Für die Praxis von Kirche und Schule heißt dies z.B., daß kritische, analysierende Reflexion immer eingebunden bleiben muß in eine liebevolle Betrachtung von Menschen und Gedanken und daß mythische und andere Sinnbilder, die die Dimension der Tiefe und des Unbewußten erfahrbar machen und entfalten, legitimerweise einen breiten Raum im RU einnehmen. Wäre es nicht eine Bereicherung für die »materialistische Didaktik« herkömmlicher Art, wenn sie sich auch als »Mater-Didaktik« verstünde, d.h., sich inhaltlich auch auf die Frau und weibliche Identität, auf die Mutter Erde und kosmische Dimensionen und auf das mütterliche Liebes-Prinzip bezöge? Lebendig an konkreten Handlungen zu lernen (Siegfried Vierzig) würde dann auch die Entfaltung solcher

Symbol- und Ritual-Handlungen in der Lerngruppe selbst und sinnlich-symbolischer Interaktionsformen zwischen Lehrern und Schülern (Vierzig) einschließen, die deren Liebesfähigkeit fördern. Die Orientierung an liebes- und lebens-fördernden Inhalten und Methoden könnte ein Aufbruch zu neuen Ufern und ein wichtiger Beitrag dazu sein, die angestrebten christlichen, pädagogischen und anderen Ziele auch tatsächlich zu verwirklichen. Dies könnte »schwarze Pädagogik« (Alice Miller) nicht nur formal und scheinbar, sondern wirklich umwandeln in Liebes-»Pädagogik«; denn wer liebt, kann niemanden zu etwas bringen, was dieser nicht auch selber will. Wer liebt, verzichtet von selbst auf jeden Erziehungs- und Manipulationsversuch. Nach Jean Jacques Rousseau ist es der Gipfel einer gelungenen Erziehung, wenn sie die Zöglinge dahin bringt, wo der Erzieher sie hinhaben will, ohne daß diese das überhaupt merken. »Du sollst nicht merken« (Alice Miller) ist der jede »schwarze Pädagogik« fundierende Erziehungsgrundsatz, der eine komplexe Form von Vergewaltigung des Leibes, der Sinne, des Geistes und der Seele beinhaltet. Aus schwarzpädagogischer Sicht erscheinen daher unsere tiefen seelischen Bedürfnisse nach Liebe, Freude und Befreiung (auch im »pädagogischen Feld«!) eher verdächtig und gelten nicht als übergeordnete Werte, die jede Erziehung beachten muß: Ihre konsequente Verwirklichung würde schließlich das herr-schende pädagogische Weltbild ins Wanken bringen. Um die Effektivität eines an der Liebe orientierten Unterrichts zu beweisen, bedarf es keiner teuren pädagogischen Forschung, sondern nur der Einsicht, der Intuition, der Offenheit und der Phantasie von Lehrenden und Lernenden.

2. Eigene Erfahrungen mit dem »Sündenfall« und seinen Sinnbildern

Lernchance: Lehrende und Lernende können sich den Symbolen des Sündenfalls schrittweise annähern, erfühlen, was diese in ihnen auslösen, erkennen, was patriarchale Religion ist und diese neu verstehen lernen.

LE_1: Einstieg in die Thematik über:

- Erinnerungen, Vorwissen und Erfahrungen im Zusammenhang mit dem Sündenfall (Impuls: Adam & Eva-Darstellung, vgl. S. 130 d. U.) und/oder
- Assoziationen zum Stichwort »Sünde« und/oder

– Bilder malen, die die wichtigsten Aussagen des »Sündenfalls«, die erinnert werden, veranschaulichen

LE_2: *Der Mythos vom Sündenfall:*

M_1: 1. Mose 2,15–3,24

Bearbeitungshinweise:

- Welche Sinnbilder kommen vor und was sagen sie aus?
- Welche Bedeutung haben diese Sinnbilder für Sie persönlich? Welche Assoziationen, Bilder, Ideen, Erinnerungen, etc. lösen diese aus?
- Kennen Sie diese Sinnbilder aus anderen Zusammenhängen, aus der Literatur? Aus Alltagserfahrungen? Aus der Kunst?
- Welche Rollen werden im Sündenfalldrama gespielt? In welcher Beziehung stehen Eva und Adam zueinander, zur Schlange, zum Lebensbaum bzw. Baum der Erkenntnis und zu Gott?
- Worin besteht die Sünde von Eva und Adam? Hat sie etwas mit Liebe und Sexualität zu tun und wenn ja, was?
- Was bedeutet hier »Erkenntnis von Gut und Böse«?
- Halten Sie die Strafe Gottes für berechtigt oder notwendig? Hätte Gott auch anders reagieren können? Wie? Was würde sich dann an der Geschichte ändern?

Die Sinnbilder des »Sündenfalls«

M_2: *Eva,* nach dem biblischen Schöpfungsbericht (1. Mose 2,18ff.) während des Schlafes (Augustinus denkt diesen als eine Ekstase) Adams aus dessen Seite geschaffen, ist die erste Frau, zugleich die erste Ehefrau und die »Mutter der Lebenden« (hebr. chavvâh). Sie symbolisiert zugleich das weibliche Element im Menschen, oder, nach einer Auslegung des Origenes, die Seele des Menschen, während der Geist männlich ist. Die aus der Vereinigung beider entspringenden Söhne sind die gerechten Gedanken und die guten Taten. (Lexikon der Symbole, Köln, [7]1983, S. 23).

M_3: *Adam* symbolisiert nach dem Bericht 1. Mose 1–4 den ersten Menschen (Adamspforte, um 1230, Dom Bamberg; Jan van Eyck, 15. Jh., Flügelaltar Gent; Albrecht Dürer, 1507, Prado Madrid) und das Bild Gottes, den Gipfel der irdischen Schöpfung, – wobei das Wort »erster« nicht chronologisch und im Sinne des Pithekanthropos als einer Stufe in der Entwicklung einer Art verstanden zu werden braucht. A. ist am meisten und am typischsten Mensch, auch in dem Sinne, daß er für die von ihm abstammende Linie verantwortlich ist. Er entspricht außerdem dem Bild Gottes als das Erscheinen des Geistes in der Schöpfung. (Lexikon der Symbole, a. a. O., S. 23)

M_4: *Apfel* Im Altertum Symbol der Fruchtbarkeit und als solches ein Attribut verschiedener Gottheiten. Die goldenen Ä. der Hesperiden waren die Früchte der Unsterblichkeit. Die Ä. der nordischen Göttin

Iduna (= griech. hedone, Vergnügen), der Göttin der unverwelklichen Jugend, hatten die Kraft, den zu verjüngen, der sie aß. So besitzt der A. alle Anziehungskraft, die ein Mittel der Erkenntnis darstellt. Durch seine Kugelform ein Abbild der Erde und der irdischen Begierden, vielleicht auch überdies wegen seiner anlockenden Farbe und Süßigkeit, wurde er Sinnbild aller sinnlichen Reizung und Sünde (vgl. lat. Wortspiel mālum – mălum).
Sofern Christus auf Adam bezogen wurde, bezog man das Kreuz auf den Apfelbaum. Wenn Christus den A. in der Hand trägt, bedeutet dies die Erlösung von der durch den Sündenfall bedingten Erbsünde.
Als Symbol der Herrschaft ist der Reichsapfel anzusehen, das aus einer mit einem Kreuz versehenen Kugel bestehende Reichskleinod, das Kaiser und Könige im Krönungsornat in der Linken zu führen pflegen, während die Rechte das Zepter hält. Schon auf einer Münze des Kaisers Augustus sind drei Kugeln dargestellt, mit ASI., AFR. und EVR. bezeichnet, also mit den damals bekannten drei Weltteilen. Später gab man die Kugel in die Hand des Kaisers und versah sie nicht selten mit dem Bild der Siegesgöttin (Nike). An die Stelle dieser Siegesgöttin trat danach das christliche Kreuz.
Granatapfel In der heidnischen Antike aufgrund seines Samenreichtums Symbol der Lebensfülle und Fruchtbarkeit. Attribut der Vegetationsgottheiten und der Aphrodite wie des Zeus und des Hermes, entsprechend auch im AT sowohl Liebeszeichen wie Zeichen göttlichen Segens, in der allegorischen Schriftauslegung der Kirchenväter auf die Kirche und die Fülle ihrer Märtyrer und Mysterien gedeutet. Sinnbild der Lebensfülle im Zusammenhang mit dem Lebensbaum ist der G. auch in der christlichen Kunst, sei es in Einzeldarstellungen z. B. auf frühchristlichen Tonlampen wie auf einer Reliefplatte, 12./13. Jh., Kaiser-Friedrich-Museum Berlin, oder pflanzlichen Ornamenten (z. B. zusammen mit Weintrauben). Ein aufgesprungener G. mit der Fülle seiner Samenkörner ist Attribut der sich verschenkenden barmherzigen Liebe (Franceschini, Caritas, Belvedere, Wien) (a. a. O., S. 33f).

M_5: *Baum* Der Reichtum an Symbolbezügen, die der B. bietet, liegt auf der Hand. Der B. hat, wie der Mensch, eine aufrechte, zum Himmel weisende Gestalt. Er verkörpert in seiner immer wieder erneuerten Lebenskraft den beständigen Sieg über den Tod. Sein Jahreslauf, sein offenbares Abgestorbensein und Neuerstehen, Blätterreichtum, Blüten und Früchte und schließlich wieder die Rückkehr zu offenbarer Unfruchtbarkeit liefern viele Analogien zum Leben und Sterben, Blühen und Früchtebringen oder Früchteverweigern des Menschen. Schuldige Menschen werden schon im Judasbrief (V. 12) mit »herbstlichen Bäumen ohne Frucht, zweifach tot und entwurzelt« verglichen. Jesus selbst gebraucht den Vergleich mit dem unfruchtbaren Feigenbaum (Lk. 13,6) ...
Ein römisches Epitaph vor dem 4. Jh. (jetzt Museum Urbino) stellt das Christuszeichen Alpha und Omega betont zu einem Ölbaum, und frühe Kirchenväter (Theophilus v. Antiochien, Tertullian) verstehen

den Ölbaum wegen der jährlichen Wiedergeburt seines Blattwerks als Symbol der Auferstehung. – Der in der Paradiesesgeschichte genannte B. der Erkenntnis des Guten und des Bösen (1. Mose 2,9.17) gehört zu den bedeutsamen mythischen B.n., die bei vielen Völkern verschiedener Erdteile eine Rolle spielen (vgl. den iranischen B. Hom, den Apfelbaum im Garten der Hesperiden usw.). Unter einem B. treffen die Monstrenbekämpfer der antiken Mythen ihre Gegner (z.B. Gilgamesch); auch Sigurd kämpft unter der großen Linde mit dem Drachen. Darstellungen des Sündenfalls als der Entscheidung Adams und Evas am B. der Erkenntnis unter Einfluß der Schlange sind außerordentlich weit verbreitet. Die Baumart weist in der Regel auf einen Apfelbaum, doch sind auch andere Fruchtbäume (Kirschbaum, Feigenbaum) möglich. Meistens werden, ohne daß man den Grund dafür wüßte, fünf Früchte abgebildet. – Aus dem Holz des B. der Erkenntnis soll das Kreuz Christi gezimmert worden sein; andere Legenden behaupten, das Kreuz Christi sei auf dem Hügel Golgatha in den dort herausragenden Stumpf des paradiesischen Lebensbaumes eingesetzt worden. Dadurch wurde das Kreuz Christi zum neuen Lebensbaum (vgl. dazu auch die biblischen Lebensbaumaussagen: 1. Mose 2,9; 3,24; Offb. Joh. 2,7; 22,1f) (a.a.O., S. 44f)

M_6: *Die Schlange*, die ein Erdloch bewohnt (und also mit dem irdischen wie dem unterirdischen Bereich verbunden ist), den Vögeln ähnlich aus Eiern schlüpft (daher die geflügelten Sn, die Mischwesen Basilisk und Drache), ihre Haut im Frühling abstreift (und so zum Symbol des sich selbst erneuernden Lebens wird) und einen starren, bannenden Blick auf ihre Opfer zu richten pflegt (ein Symbol durchdringendes Wissens, des Allgegenwärtigseins). Alle diese Rollen und Verknüpfungen gewinnen in der Kunst Gestalt, von der bildlichen Darstellung des Sündenfalls und der apokalyptischen Vision (Offb. Joh. 12; 13; 16,3; 20 2) an bis zu den komplizierten Symbolkombinationen etwa der Romanik. Hörner, die der S. oder dem Drachen angefügt werden, deuten auf Macht und Fruchtbarkeit und evozieren die alte Sexualsymbolik der S. Wie sie, geflügelt, mit dem Reich der Luft verbunden ist, so auch, als amphibisches Wesen, mit dem Reich des Meeres. In all dem sind S. und Drache in der symbolischen Bildkunst kaum auseinanderzuhalten. (a.a.O., S.255f)

M_7: »Du sollst Dir von *Gott* kein Bildnis machen!« (1. Mose 20,4)

Bearbeitungshinweise:

1. Erzählen Sie den Sündenfall aus der Perspektive
   - Evas oder/und
   - Adams oder/und
   - der Schlange oder/und
   - des Baumes oder/und
   - Gottes,

   indem Sie die lexikalischen Erläuterungen verwenden und

heutigen Frauen und Männern erklären, was damals geschah, und fragen, ob Sie das heute immer noch für richtig halten?

2. Entwerfen Sie einen neuen »Sündenfall«:
   Was wäre z. B. geschehen, wenn es ein glückliches Ende gegeben hätte? – Oder wenn es keinen Sündenfall gegeben hätte?

LE_3: Der »Sündenfall« in gnostisch-christlicher Sicht

M_8: Andere gnostische Darstellungen kennen ein vierfaches Wortspiel, das auch noch Eva (Hawah) einbezieht: statt Adam zu versuchen, gibt sie ihm Leben und unterweist ihn:

> Aber nach dem Tag der Ruhe sandte Sophia (wörtlich: »Weisheit«) Zoe (wörtlich: »Leben«), ihre Tochter, die Eva genannt wird, als Unterweiserin, um Adam zu erheben ... Als Eva Adam so niedergeschlagen sah, fühlte sie Mitleid mit ihm und sagte: »Adam, lebe! Erhebe dich über die Erde!« Sofort wurde aus ihrem Wort eine Tat. Denn als Adam sich erhob, öffneten sich sofort seine Augen. Als er sie sah, sagte er: »Du wirst ›Mutter der Lebendigen‹ genannt werden, denn du hast mir das Leben gegeben.«

Die Hypostatis der Archonten beschreibt Eva als das geistige Prinzip in der Menschheit, das Adam aus seinem bloß materiellen Zustand erhebt:

> Und die pneumatische Frau kam zu (Adam) und sprach mit ihm und sagte: »Erhebe dich, Adam.« Und als er sie sah, sprach er: »Du bist es, die mir das Leben gegeben hat. Man wird dich ›Mutter der Lebenden‹ nennen. – Denn sie ist meine Mutter. Sie ist die Ärztin, und die Frau und die, die geboren hat.« ... Dann kam das weibliche geistige Prinzip in der Schlange, der Unterweiserin. Und sie belehrte sie und sagte, »... ihr werdet nicht sterben; denn er hat euch das gesagt, weil er neidisch ist. Vielmehr werden sich eure Augen öffnen, und ihr werdet wie die Götter werden, indem ihr das Schlechte und das Gute erkennt.« ... Und der eigenmächtige Archon verfluchte die Frau ... (und) ... die Schlange. (Elaine Pagels, a.a.O., S. 72f)

Bearbeitungshinweise:

- Welche Behauptungen enthält der Text? Welche Kritik am biblischen Sündenfall legt er nahe?
- Vergleichen Sie die Rollen von Eva, Adam und Gott, dem »eigenmächtigen Archon« (Herr-scher) mit den entsprechenden Rollen im biblischen »Sündenfall«.
- Entwickeln Sie einen Dialog zwischen den Personen beider »Sündenfälle«, eventuell in zwei Gruppen, wobei die eine sich mit dem Standpunkt der Bibel, die andere mit dem der christlichen Gnosis identifizieren kann.
- Welche Version der Eva-Adam-Geschichte gefällt Ihnen besser bzw. ist überzeugender? Und warum?

3. Forschungsergebnisse zum matriarchalen Hintergrund

Lernchancen:

- Sie können die patriarchale Umdeutung matriarchaler Mythen kennenlernen
- entdecken, in welchem historischen und mythologischen Zusammenhang der »Sündenfall« steht
- ein gewisses Verständnis für die Probleme entfalten, die Männer mit Eros und weiblicher Weisheit haben
- den Unterschied zwischen Lebens-Verehrung (Biophilie) und Todes-Verehrung (Nekrophilie) am Beispiel des Lebensbaumes, der durch das christliche Kreuz ersetzt wurde, entdecken.

Literatur

Ernest Bornemann, Das Patriarchat – Ursprung und Zukunft unseres Gesellschaftssystems, Frankfurt/M., 1979

Mary Daly, Gyn/Ökologie – Zur Meta-Ethik des radikalen Feminismus, München 1982

Richard Fester u.a., Weib und Macht, 5 Millionen Jahre Urgeschichte der Frau, Frankfurt/M. 1979

Heide Göttner-Abendroth, Die Göttin und ihr Heros, München 1980

Josefine Schreier, Göttinnen – Ihr Einfluß von der Urzeit bis zur Gegenwart, München 1978

(Textauszüge aus diesen und anderen Büchern finden Sie in: forum religion 3/81)

LE_4: *Zeus und Adam – die gebärenden Männer*

Die auch im biblischen »Sündenfall« geschilderte Identifikation des Mannes mit der Frau und seine Initiation in weibliche Weisheit findet ihren patriarchalen Ausdruck im Bild des gebärenden Mannes. Die Identifikation mit bzw. Okkupation von weiblicher Schöpferin-Macht und Weisheit, die hier symbolisiert wird, war historisch gesehen der Beginn patriarchalen Machtmißbrauchs.

M_9: *Zeus gebiert Athene aus dem Kopf*

> ... Aber Athenes eigene Priester erzählen die folgende Geschichte über ihre Geburt: Zeus gelüstete es nach Metis, der Titanin. Um ihm zu entfliehen, verwandelte sie sich in vielerlei Gestalten. Zeus aber wurde ihrer doch habhaft und schwängerte sie. Ein Orakel der Mutter Erde verkündete dann, daß es ein Mädchen sein würde und daß Metis, sollte sie wieder empfangen, einen Sohn gebären würde, der vom Schicksal bestimmt wäre, Zeus zu entthronen, so wie Zeus Kronos

entthront hatte und Kronos den Uranos. Daher lockte Zeus sie mit honigsüßen Worten auf sein Lager, öffnete plötzlich seinen Mund und verschlang sie. Dies war das Ende der Metis [der Weisheit, E. S.], obwohl Zeus später behauptete, sie säße in seinem Bauche und gäbe ihm Ratschlag. Im Laufe der Zeit aber geschah es, als er entlang dem Ufer des Tritonsees wandelte, daß er von einem tobenden Kopfschmerz erfaßt wurde. Ihm schien, als ob sein Schädel bersten wollte. Er heulte vor Schmerz, bis das ganze Firmament erbebte. Da lief Hermes herbei, der sofort den Grund des Schmerzes erfaßte. Er überredete Hephaistos oder, wie andere sagen, Prometheus, Hammer und Keil zu bringen und einen Spalt in den Schädel des Zeus zu schlagen; und diesem entsprang die voll bewaffnete Athene mit einem mächtigen Schrei. (Robert von Ranke-Graves, Griechische Mythologie I, Hamburg 1981, S. 37f)

M_{10}: *Adam gebiert Eva aus seiner Rippe*

Und der Mensch gab einem jeden Vieh und Vogel unter dem Himmel und Tier auf dem Felde seinen Namen; aber für den Menschen ward keine Gehilfin gefunden, die um ihn wäre. Da ließ Gott der HERR einen tiefen Schlaf fallen auf den Menschen, und er schlief ein. Und er nahm eine seiner Rippen und schloß die Stelle mit Fleisch. Und Gott der HERR baute ein Weib aus der Rippe, die er von dem Menschen nahm, und brachte sie zu ihm. Da sprach der Mensch: Das ist doch Bein von meinem Bein und Fleisch von meinem Fleisch; man wird sie Männin nennen, weil sie vom Manne genommen ist. Darum wird ein Mann seinen Vater und seine Mutter verlassen und seinem Weibe anhangen, und sie werden sein ein Fleisch. Und sie waren beide nackt, der Mensch und sein Weib, und schämten sich nicht. (1. Mose 2,18.20–25)

Bearbeitungshinweise:

Welche Parallelen und Unterschiede fallen auf?

Der Gott (Zeus) gebiert die Göttin (Athene) und der Heros (Adam) die Göttin (Eva). Was bedeutet diese Umkehrung natürlicher Verhältnisse?

- Welche Phantasien weckt bei Ihnen die Idee, daß Männer gebären könnten?

  Sind diese angenehm oder unangenehm? Finden Sie diese Behauptung absurd oder verständlich?
- Warum wollen Männer gebären, obwohl die Geburt bekanntlich Schmerzen bereitet, mit Lasten verbunden ist und gar als Strafe Gottes gilt?

M_{11}: *Männer identifizieren sich mit Frauen*

... Allein, in scharfem Gegensatz zu Freud's Ansichten werden wir zeigen können, daß die ursprüngliche Identifizierung nicht die des Sohnes mit dem Vater ist, sondern die des Mannes mit der Frau. Freud

Zeus gebiert Athene

Eva wird von Adam geboren

bemerkt, daß es häufig eine machtlose Person ist, die sich mit einer mächtigen, sie beherrschenden identifiziert und daß häufig die »Identifizierung eine partielle, höchst beschränkte ist, nur einen einzigen Zug von der Objektperson entlehnt«.
Wir werden sehen, daß der von der Objektperson entlehnte »Zug« die Fähigkeit der Frau, Kinder zu gebären, war. Diese Schlüsselidentifizierung war es, die es den »Göttinnen« ermöglichte, die Männer mit Ämtern zu betrauen und sie an ihrer Macht teilnehmen zu lassen. Die Göttinnen glaubten, daß ihre intellektuelle Überlegenheit, ihr soziales Empfinden und Handeln und ihre Erfindungsgabe mit ihrer Fähigkeit, Kinder zu gebären, in Zusammenhang stände. Wenn die Männer glaubten, daß auch sie Kinder zur Welt bringen könnten, würden sie auch die Werte der Göttinnen übernehmen; die Identifizierung würde sich verbreitern. Wir dürfen auf Grund der vorliegenden Berichte annehmen, daß der Prozeß dieser Identifizierung von den Göttinnen geleitet oder zumindest ausgenützt wurde. Nur solche Männer wurden zu Königen erhoben, die die Identifizierung vollzogen hatten. Die Tatsache der Identifizierung, der Wunsch der Männer Kinder zu gebären, und ihr Glaube, daß Götter diese Fähigkeit hätten, und daß sie dadurch die schöpferische Kraft der Göttinnen erhalten könnten, ist unter den Mittelmeervölkern weit verbreitet und eine Fülle von Zeugnissen darüber liegt vor.
Die sonderbarste Sitte, welche die Identifizierung ausdrückt, ist das Männerkindbett, die Couvade. Sie findet sich auch heute in vielen Völkern in verschiedenen Erdteilen. Wenn das Kind geboren wird, geht der Vater zu Bett und benimmt sich wie die gebärende Frau. Er ahmt ihre Geburtswehen durch Stöhnen und Körperverdrehungen nach und zieht manchmal Frauenkleider an. Wir finden einige Berichte über die Sitte unter den Mittelmeervölkern der alten Zeit. Strabo berichtet von den iberischen Frauen: »Haben sie geboren, so bringen sie statt ihrer die Männer zu Bett und bedienen sie.« (Josefine Schreier, Göttinnen – Ihr Einfluß von der Urzeit bis zur Gegenwart, München 1978, S. 37f)

Bearbeitungshinweise:

- Welches ist der entscheidende Grund dafür, daß Männer wie die Frauen gebären wollen?
- Finden Sie es gut oder schlecht, wenn Männer so sein wollen wie Frauen und sich nach dem richten, was Frauen sagen?
- Warum bestrafte der Gott des Sündenfalls den Mann Adam, der weibliche Weisheit symbolisch in Gestalt des Apfels zu sich nahm?

LE_5: Lebens- und Todesbaum

M_{12}: Drei Bilder (Lebensbaum/Todesbaum/Kreuz)

Bildmeditation

- Betrachten Sie die Bilder in Ruhe und notieren Sie Ihre Einfälle und spontanen Gedanken
- Sprechen Sie anschließend in kleinen Gruppen über die Gefühle, die diese Bilder in Ihnen auslösten
- Sammeln Sie Informationen über den Zustand der Bäume in der BRD und diskutieren Sie mögliche Zusammenhänge zwischen patriarchaler Religion und Kultur und Umweltproblemen
- Entwerfen Sie ein Rollenspiel, in dem drei Schülerinnen/Schüler oder drei Gruppen sich jeweils mit einem der Bäume identifizieren und ein Gespräch führen:

  Wie empfindet der Lebensbaum das, was heute mit den Bäumen geschieht? Welche Empfehlungen würde er aussprechen? Wie fühlt sich der Todesbaum, wie fühlt sich der »Kreuzes-Baum« und was denken beide über ihre Beziehung zum Lebensbaum? Ist es sinnvoll, einen Todesbaum und ein Kreuz anstelle des Lebensbaumes zu verehren?

M_{13}: *Der Baum als Sinn-Bild des Lebens, Sterbens und Wiederauferstehens*

... seitdem ich die schwarze Magie des Satzes ›Du mit deinen einfachen Wahrheiten‹ umgedreht hatte, so daß er lautet: ›Die Wahrheit ist so einfach, daß jeder Mensch sie begreifen kann‹, besuchte ich meine Eiche zuerst hin und wieder und dann regelmäßig. Ich habe ihr so viele Unterweisungen zu verdanken, daß der Ort inzwischen ein Andachtsplatz für mich geworden ist. Die vergangene Wintersonnenwende haben wir dort gefeiert.

Soll ich dir erzählen, was die Eiche mich seitdem gelehrt hat? Es sind die alten Wahrheiten, du hast sie vielleicht schon gelesen, aber es macht einen Unterschied, sie mit dem Kopf zu verstehen oder die gleichen Wahrheiten mit allen Sinnen auch zu begreifen. Wenn du sie begreifen möchtest, dann mußt du sie anfassen, be-greifen. Du mußt deinen Körper an den der Eiche legen, sie mit den Armen umfassen, mit ihr atmen und so lange warten, bis sie zu dir spricht.

Was sie mir erzählte, ist dies: »Tod und Wiedergeburt, Kommen und Wiedergehen, kannst du mir abschauen. Jetzt ist Winter.

Für jemanden, der das erste Mal auf den Planeten Erde kommen und mich so sehen würde, sehe ich wie tot aus. Starr, kalt, leer, abgestorben. Wer nicht genau schaut, vor allem, wer nicht weiß, wer nicht unterrichtet ist, wer leugnet, der kann nicht sehen, daß ich unter der Erde in meinen Wurzeln, für den Betrachter unsichtbar lebe. Ich habe mein Leben vom Diesseits, vom Tagbewußtsein, ins Jenseits, ins Nachtbewußtsein, verlagert. Ich habe meine Kräfte von außen nach innen gezogen. Nur scheinbar schlafe ich einen Winterschlaf. In Wirklichkeit arbeite ich nach innen.

Im Frühling werde ich wieder ins Diesseits geboren. Dann können alle sehen, daß ich lebe. Dann wird jeder wissen, daß der Prozeß des

Der matriarchale Lebensbaum (Mosaik, Jericho, Palast des Hisham)

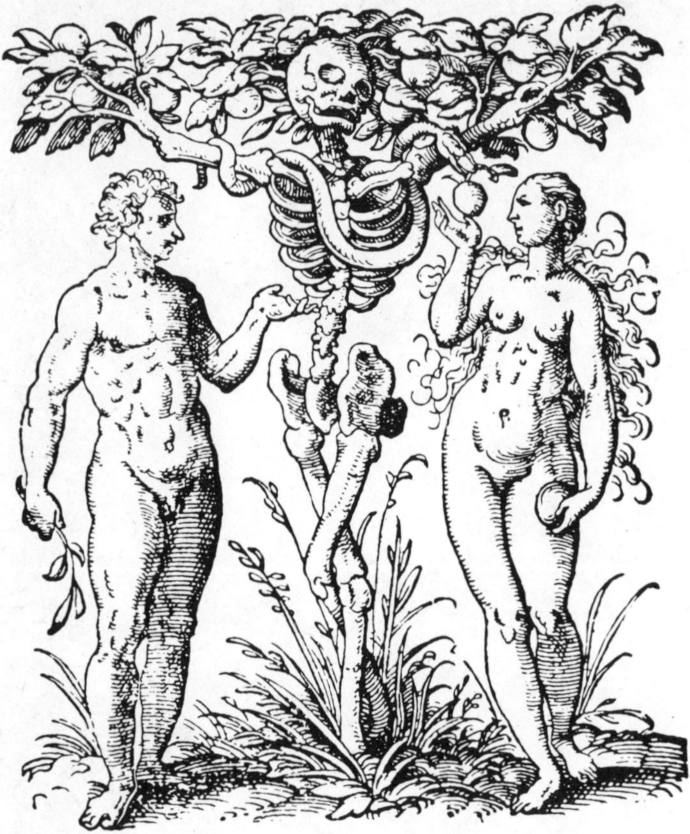

Der patriarchale Baum des Todes (Deutschland, 16. Jh.)

Kreuzigung (Albrecht Dürer, 1493): »Das Kreuz als Lebensbaum«

Wachsens, Blühens, Früchtetragens, Reifens nicht mehr aufzuhalten ist. Ich erfülle den Lehrplan meines Lebensjahres. In der Hoch-Zeit des Jahres verschmelzen mein weibliches und mein männliches Prinzip. Nach der Hoch-Zeit, in der der höchste Punkt meiner Kreativität erreicht ist, beginne ich, meine Kräfte langsam wieder zurückzuziehen. Meine Früchte fallen ab. Vielleicht kommt irgendjemand daher und freut sich daran, Kinder, die Spielzeug daraus machen, oder Wildsäue, die sich die Eicheln holen.
Du siehst, der Sinn meines Lebens ist, zu kommen, zu blühen, Früchte zu tragen, diese abzuwerfen und mich irgendwann im Spätherbst unter die Erde zurückzuziehen. Dies ist dann die Rückgeburt ins jenseitige Leben, ins Nachtbewußtsein. Jeder vernünftige Mensch weiß, daß dies so sein muß, daß das so ist und daß ich, weil ich jetzt so kahl, trocken und leer dastehe, nicht tot bin, sondern nur meine Erscheinungsform gewechselt habe ...
Der Sinn meines Lebens ist also nicht, Menschen Schatten zu spenden, meine Rinde für Herz-Gravuren zur Verfügung zu stellen, Kindern mit Spielzeug zu dienen und meine Eicheln vor die Säue zu werfen. Das sind Nebenerscheinungen, Abfallprodukte. Der Sinn meines Lebens ist, zu leben.« (Judith Jannberg, Ich bin eine Hexe – Edition die Maus, Bonn 1983, S. 125f)

M_{14}: *Die Verurteilung des Baumkultes durch die patriarchale Religion*

... Bisher sind uns die heiligen Bäume als Spender von Inspirationen sowie in anderen Funktionen einer geläuterten Gottheit begegnet. Allein sie weckten in den Hebräern, wie in allen Völkern des Alten Orients, auch hiervon gänzlich abweichende Saiten, nämlich den in langen Jahrhunderten schwer zu bändigenden Hang nach üppigen Naturfesten. Ohne Beschönigung schildern die Propheten die orgiastischen Ausschweifungen, zu denen die dämonische Seite der heiligen Bäume das Volk hinriß. Etwa Jesaia (57,5):

> Die ihr in Brunst kommt durch die Terebinthen, jeden üppigen Baum,
> Die Kinder schlachtet in den Tälern, den Spalten der Felsen.

Oder Jeremia (2,20):

> Auf jeglichem hohen Hügel und unter jeglichem grünen Baume
> streckst du dich buhlerisch hin.

Oder Hosea, (4, 13), um nur noch dieses weitere Zeugnis anzuführen:

> Auf den Gipfeln der Berge schlachten sie und opfern auf den Hügeln
> Unter den Eichen und Weißpappeln und Terebinthen – ihr Schatten ist so schön.
> So kommt es, daß eure Töchter huren und euere jungen Weiber Ehebrecherinnen werden.

Im letzten Jahrhundert v. Chr. streckt Israel sich nicht mehr »unter jeglichem grünen Baume buhlerisch hin«, aber man schwelgt in der Schilderung »üppiger« Bäume geradezu sinnlich: »Ich sah Duftbäume duftend von Weihrauch und Myrrhe, und die Bäume ähnelten

Mandelbäumen. Darnach ging ich weiter nach Osten zu und sah einen anderen großen Platz und eine Wasserschlucht; auf ihm befand sich auch ein Baum, der das Aussehen von Würzbäumen hatte ähnlich dem Mastix. An den Seiten jener Täler sah ich den wohlriechenden Zimtbaum; darnach ging ich weiter nach Osten und sah andere Berge, und auf ihnen Haine von Bäumen, aus denen Nektar floß, den man auch Balsam und Galbanum nennt.« (Ewald Roellenbleck, Magna Mater im Alten Testament, Fulda 1949, S. 65f)

Bearbeitungshinweise:
Vergleichen Sie die beiden Texte unter folgenden Gesichtspunkten:
- Welches Gefühl für Bäume kommt darin zum Ausdruck?
- Welche Bewertung der Baumverehrung wird vorgenommen? Wie wird diese begründet?
- Sagen die Texte Ähnliches oder Unterschiedliches über die Wirkung der Bäume aus?
- Können Sie sich vorstellen, daß Bäume Sie inspirieren und in Ihnen einen »Hang zu üppigen Naturfesten« auslösen? Wenn ja, warum? Wenn nein, warum nicht?
- Finden Sie die Begründung für die Ablehnung des Baumkultes bei Roellenbleck einleuchtend oder nicht?

4. Kann Liebe Sünde sein?

Lernchancen:
Sie können:
- die Widersprüche in verschiedenen Liebesauffassungen entdecken, z. B. den zwischen einem Gott, der die Liebe ist und einem Gott, den man fürchten muß, weil er einen züchtigt, straft, schlägt und tötet
- erkennen, daß christliche Liebe in Agape (Nächstenliebe), himmlische Gottesliebe und unzüchtige, erotische und sexuelle »Liebe« aufgespalten wurde
- Chancen der Überwindung dieser Trennung kennenlernen, d.h., eine ganzheitliche Auffassung von Liebe, Erotik und Spiritualität

LE_6: *Zum Einstieg in das Problem LIEBE*

»Kann denn Liebe Sünde sein? Und wenn sie es wär', so wär's mir egal, lieber will ich sündigen mal, als ohne Liebe sein!« (Zarah Leander)
(Kann vorgespielt und von allen gesungen werden)

Bearbeitungshinweis:

- Ist es eine ernstzunehmende Frage, ob Liebe Sünde sein kann?
- Was heißt dann Liebe? Was Sünde?
- Gibt es vergleichbare Abwertungen der Liebe als Sünde auch in Ihrer Lebenswelt?

LE_7: Liebe und »Liebe« – ein Widerspruch

»Abaelard und Héloïse« ist ein Liebes-Roman aus dem 12. Jahrhundert, der ein eindringliches Bild patriarchal geprägter »christlicher Liebe« zeichnet. Abaelard wird nach einer kurzen, leidenschaftlichen Liebesbeziehung mit Héloïse von deren Verwandten entmannt (kastriert), geht daraufhin ins Männerkloster, sie ins Frauenkloster. Der umfangreiche Briefwechsel, den beide führten (vermutlich historisch echt), wurde weltberühmt.

M_{15}:*Héloïse über ihre Liebe zu Abaelard*

... Mir bist Du verpflichtet und verfallen; denn alle Welt bezeugt es, daß meine Liebe zu Dir kein Maß und kein Ziel gekannt. Herzliebster, Du weißt es, alle wissen es, was ich in Dir verloren, wie jammervoll der Sturz war nach dem schwärzesten Verrat, den die Welt kennt; Dich verloren und in Dir mich verloren, schmerzt tief; doch abgrundtief schmerzt es, wie ich Dich verlieren mußte. Wer unter stärkstem Druck leidet, verlangt auch die stärksten Heil- und Trostmittel, und er verlangt sie nicht von irgendwem sonst, sondern von Dir und nur von Dir. Du einzig, Du allein schlugst mir die Wunde, heile Du sie auch gnadenvoll! Du allein kannst mich betrüben, Du allein kannst mich fröhlich machen und trösten, und Du allein bist dazu verpflichtet, so stark, wie es nur ein Mensch sein kann. Jeden Befehl von Dir habe ich ausgeführt in so blindem Gehorsam, daß ich auf Dein Geheiß mich selbst opferte: ich mußte Dir eben gehorchen. ...

Ein festes Eheband, eine Morgengabe – habe ich je danach gefragt? Du bist mein Zeuge, nicht meine Lust, nicht mein Wille war je mein Ziel, nein, nur Deine volle Befriedigung. In dem Namen ›Gattin‹ hören andere vielleicht das Hehre, das Dauernde; mir war es immer der Inbegriff aller Süße, Deine Geliebte zu heißen, ja – bitte zürne nicht! – Deine Schlafbuhle, Deine Dirne. Die tiefste Erniedrigung vor Dir versprach die höchste Huld bei Dir, und ich brauchte so in meiner Niedrigkeit Deinen Ruhmesglanz auch nicht zu trüben. (a.a.O., S. 80, 81)

Abaelard über seine Liebe zu Héloïse

Laß Dir den hohen Ratschluß der himmlischen Liebe zu Herzen gehen, laß es Dir zu Herzen gehen, wie barmherzig der Herr sein strenges Gericht uns zur Besserung dienen ließ, wie weise er es gefügt hat, daß sogar unser Böses zu unserem Guten werden mußte; vergiß es nicht, wie er aus Gottlosigkeit die Gottseligkeit zu machen wußte, und wie er nur ein Glied meines Leibes zu verletzen brauchte, mit vollem

Recht verletzte, um unser beider Seelen zu retten! Vergleiche doch miteinander die Schwere der Krankheit und die Einfachheit des Heilmittels! ...
Du weißt, in welche Schamlosigkeiten wir durch meine zügellose Gier gerieten. Ich wälzte mich geradezu wie ein Tier in diesem Morast, sogar in der Karwoche und an den höchsten Festtagen, ohne auf die mahnende Stimme des Schamgefühls und der Gottesfurcht zu hören. Ich ging sogar so weit, Dich durch Drohungen und Schläge des öfteren gefügig zu machen, wenn Du nicht mithalten wolltest, wenn Du Dich zur Wehr setztest, soweit es Deine schwache Kraft zuließ, und wenn Du, das schwache Weib, mich batest, einmal zu verzichten. Die Glut meiner Gier hatte mich mit Dir geradezu zusammengeschmiedet; ich dachte nicht mehr an Gott, ich dachte nicht mehr an mein besseres Selbst, so tief untergetaucht war ich in den armseligen Genüssen, die zu schmutzig sind, als daß ich sie ohne Erröten auch nur nennen kann. ... Gottes Gnade hat mich beraubt, nein, mich erlöst von diesen verächtlichen Organen – sie heißen einfach Schamglieder, weil man sie mit ihrem eigentlichen Namen nicht nennen kann –; daß Gott mich von ihnen erlöst hat, das bedeutet doch nur, er hat den Lasterschmutz beseitigt, um so die Sittenreinheit zu retten. (a.a.O., S. 132, 133)

M_{16}: *Paulus über christliche Liebe:*
Liebe als Unzucht und Pflicht
(1. Kor. 5, 1–5; 6, 13b–20; 7, 1–7 und 1. Kor. 11, 7–11; Eph. 5, 22–33)

Bearbeitungshinweise:

- Welche Auffassung von Liebe vertritt Héloïse? Welche Abaelard? Gibt es Unterschiede? Wie sind diese zu erklären?
- Welche Auffassung von Liebe vertritt Paulus? Stimmen Sie mit ihm überein? Vergleichen Sie die Liebesauffassung von Paulus mit der von Abaelard und Héloïse!
- Gibt es Widersprüche in diesen Liebeskonzeptionen? Woher könnten diese stammen?

LE_8: Ganzheitliche erotische Liebe als Macht und heilende Kraft

M_{17}: *Das Hohe Lied der Liebe im Neuen Testament*
(1. Kor. 13, 1–13)

M_{18}: *Das Hohe Lied der Liebe im Alten Testament* – ein matriarchales Kultlied der Göttin Ishtar, die ihren Heros Tammuz umwirbt

Sehnsüchtiger Traum

»Ich schlief, aber mein Herz war wach – horch, da
klopfte mein Liebster.

›Tu mir auf, meine Schwester, meine Freundin, meine
Taube, meine Fehllose,
Denn mein Haupt ist voll von Tau, meine Locken vom
nächtlichen Nebel!‹
›Ich habe mein Kleid (schon) abgetan, was soll ich es
wieder anziehen,
Meine Füße (schon) gewaschen, was soll ich sie
(wieder) beschmutzen?‹
Mein Liebster streckte die Hand aus, und mein
Innerstes bebte vor ihm.
Ich stand auf, meinem Liebsten zu öffnen –
Da er sprach, verging mir der Sinn.
Meine Hände troffen von Myrrhe, meine Finger von
flüssiger Salbe
Ich öffnete meinem Liebsten, doch mein Liebster war auf
und davon.
Ich suchte ihn und fand ihn nicht, ich rief ihn, doch
er antwortete nicht
Mich stellten die streifenden Wächter
›Habt ihr gesehen, den meine Seele liebt?‹
Ich beschwöre euch, ihr Töchter Jerusalems: Wenn ihr meinen
Liebsten findet –
Was sollt ihr ihm melden? Daß ich krank vor Liebe bin!«

Responsorium (»Beschwörung«)

»Seine Linke liegt unter meinem Haupte, und seine
Rechte liebkost mich.
Ich beschwöre euch, ihr Töchter Jerusalems, bei den
Gazellen und Hirschkühen des Feldes:
Wecket nicht und stört nicht auf die Liebe, bis es ihr
selbst gefällt!« (Schmökel, a.a.O., S. 62f, 109)

M_{19}: *Erotik als Macht* (Audre Lorde)

Es gibt viele Arten von Macht, genutzte und ungenutzte, erkannte oder unerkannte Macht. Erotik ist ein Potential, ein »Lebens-Mittel« in uns allen, das einer zutiefst weiblichen und spirituellen Ebene angehört und fest in der Macht unserer unausgesprochenen Gefühle wurzelt. Jede Unterdrückung muß zum Zweck ihrer eigenen Aufrechterhaltung die Quellen der Macht in der Kultur der Unterdrückten vergiften oder zuschütten, aus denen Kraft zur Veränderung geschöpft werden könnte. Daraus erfolgt für Frauen die Unterdrückung der Erotik, da Erotik als Quelle von Macht und Wissen in unserem Leben angesehen wird. ...

Wir sind dahin gekommen, diese Macht, die unserem tiefsten, nichtrationalen Wissen entspringt, mit Argwohn zu betrachten. Die Männerwelt hat uns unser Leben lang vor ihr gewarnt: Männer messen dieser Gefühlstiefe genügend Wert bei, um sich Frauen zu halten, damit sie derartige Gefühle im Dienst an den Männern ausleben, aber

gleichzeitig haben sie zuviel Angst vor dieser Tiefe, um ihre Möglichkeiten in sich selbst auszuloten. Und so halten sie sich Frauen in einer distanzierten, minderwertigen Position, um sie psychisch zu melken, ähnlich wie sich Ameisen Kolonien von Blattläusen halten, damit sie ihre Herren mit einer lebenswichtigen Substanz versorgen...
Die wohlüberlegte Aussage: »Für mich fühlt es sich so richtig an« hat die Kraft der Erotik als wirkliches Wissen erkannt, denn was das heißt und wie es sich anfühlt, ist der erste machtvolle Wegweiser zu jeglichem Verstehen. Verständnis kann diesem tiefgeborenen Wissen zwar eine Dienerin sein oder ihm zur Klärung verhelfen, aber die eigentliche Ernährerin oder Amme unseres tiefsten Wissens ist die Erotik.

Erotik kommt für mich auf verschiedene Weise zur Wirkung: zunächst einmal durch die Macht, die durch intensives Teilen mit einem anderen Menschen entsteht. Das Teilen von Freude – physischer, emotionaler oder intellektueller Freude – bildet eine Brücke zwischen uns und kann auch zum Verständnis von vielem führen, was wir nicht teilen. Sie mildert außerdem das Bedrohliche unserer Verschiedenheit.

Eine andere wichtige Funktion erotischen Bezogenseins ist die offene, furchtlose Betonung meiner Fähigkeit zur Freude. Genauso wie mein Körper sich nach einer Musik streckt und sich im Hören auf ihre innersten Rhythmen zu einer Antwort öffnet, öffnet sich jede Ebene meines Fühlens der erotisch befriedigenden Erfahrung – ob ich tanze oder ein Bücherregal baue, ein Gedicht schreibe oder einer Idee nachgehe. ...

Dies ist einer der Gründe, warum Erotik so gefürchtet ist und warum man sie mit Vorliebe ins Schlafzimmer verbannt – wenn man sie überhaupt als solche erkennt. Denn wenn wir erst einmal alle Bereiche unseres Lebens intensiv zu fühlen beginnen, verlangen wir allmählich von uns selbst und unseren Lebenszielen, daß sie mit der Freude, die zu empfinden wir uns fähig wissen, in Einklang stehen. Unser erotisches Wissen macht uns stärker und mächtiger; ...

... wenn wir von innen heraus zu leben beginnen, in Berührung mit der Macht der Erotik in uns selbst, und wenn wir uns von dieser Macht im Einwirken auf unsere Umwelt inspirieren lassen, dann werden wir allmählich im eigentlichen Sinn verantwortlich für uns selbst. Wenn wir nämlich unsere innersten Gefühle zu erkennen beginnen, können wir uns notwendig nicht mehr mit Leiden und Selbstverleugnung begnügen – oder mit jener Abstumpfung, die in unserer Gesellschaft so oft die einzige Alternative dazu zu sein scheint. Unsere Handlungen gegen die Unterdrückung werden selbstbestimmt, von innen her motiviert und mit Macht erfüllt.

Die Berührung mit der Macht der Erotik macht mich weniger willens, Ohnmacht oder jene anderen demütigenden und für mich unnatürlichen Zustände wie Resignation, Verzweiflung, Selbstzurücknahme, Depression und Selbstverleugnung zu akzeptieren. (Audre Lorde, a.a.O., S. 187, 190f, 192)

Bearbeitungshinweise:

- Vergleichen Sie die drei Texte und schreiben sie die Sätze, die Ihnen besonders gefallen, heraus (in schöner Schrift!) und kleben Sie diese z. B. auf einen Zeichenkarton, wo Sie dazu passende Bilder hinzufügen, so daß eine Art Collage entsteht
- Erfinden Sie eine Liebes-Geschichte, in der alles geschieht, was Sie sich in der Liebe wünschen (es muß nicht nur um die Liebe zwischen Frau und Mann gehen, es kann sich auch um Eltern, Kinder, Tiere, Pflanzen etc. handeln).

LE_9: Ein Rollenspiel

Die Mädchen versuchen, den Jungen beizubringen, was Liebe, weibliche Weisheit und Erotik sind. Die Jungen dürfen es den Mädchen ruhig schwer machen, überzeugt zu werden, aber sich keinen Worten und Handlungen, die ihnen wirklich einleuchten, widersetzen. Dann überzeugen umgekehrt die Jungen die Mädchen davon, was nach ihrer Meinung Liebe ist und schließlich wird in einem Rollenspiel alles dargestellt, was gelernt wurde. Hier können die vorher erworbenen Kenntnisse eingebracht und der »Sündenfall« als Liebes-Fall auf neuer Ebene mit einbezogen werden: alle Lösungen sind erlaubt, die die zuvor gefundenen »Gesetze« und Lehren der Liebe nicht verletzen.

Anmerkungen

Einleitung

1 DIE ZEIT Nr. 1 vom 30.12.83 mit dem Untertitel: »Überlegungen zum öffentlichen Aufschrei gegen ein Fernsehprogramm«, S. 37
2 »Herr und Weib – Zur Geschichte der Beziehung zwischen ordnendem Geist und anderen Impulsen«, in: Krankheit Frau, Darmstadt-Neuwied 1984, S. 92ff
3 vgl. z.B. Carol Gilligan, Die andere Stimme, Lebenskonflikte und Moral der Frau, München 1984. Gilligan weist empirisch nach, daß diese Vorstellung von Autonomie einseitig männerorientiert ist.
4 Zur Frage leben-zerstörender, gesetzesfixierter »Gerechtigkeitsmathematik« vgl. Carol Gilligan, a.a.O.
5 Vgl. zu dieser Unterscheidung Alice Miller, Das Drama des begabten Kindes, Frankfurt 1980; Carol Gilligan, Die andere Stimme, a.a.O.; Carl Gustav Jung, Die Archetypen und das kollektive Unbewußte, Olten [3]1978, Ges. Werke Bd. IX, u.a.

Kapitel I

1 Elisabeth Burmeister, Labyrinth – Hymnen und Lieder, München 1982, S. 11. Abdruckgenehmigung: Frauenoffensive Verlagsgesellschaft mbH, München
2 Vgl. Ida Raming, Der Ausschluß der Frau vom priesterlichen Amt – Gottgewollte Tradition oder Diskriminierung? Köln 1973
3 Einen überzeugenden Einblick in patriarchale »Männerphantasien« gibt Klaus Theweleit in seiner gleichnamigen Untersuchung Frankfurt/M. 1978, 2 Bde.
4 Vgl. Luise Schottroff, Frauen in der Nachfolge Jesu nach den Evangelien, in: der evangelische erzieher, 6/1982 34. Jg., S. 490–495
5 Vgl. Elaine Pagels, Versuchung durch Erkenntnis – Die gnostischen Evangelien, Frankfurt/M. 1981
6 Paula Müller-Otfried, Bücherschau, in: Evangelische Frauenzeitung, Juni 1931, S. 159: Niemand wird die Nachtseiten des Krieges bejahen können, »wenn er sich nicht festklammert an den überpersönlichen großen Gedanken des Vaterlandes«.
7 Paula Müller-Otfried, Überparteilicher politischer Frauenbund, in: Evangelische Frauenzeitung, August 1928, S. 179
8 Elke Bockhorst, Protestantismus und Weiblichkeit, Examensarbeit, Kassel 1984 (der ich die Zitate 6, 7, 9 entnommen habe).
9 Paula Müller-Otfried, Die Beziehungen der Geschlechter, in: Evangelische Frauenzeitung, Januar 1926, S. 4
9a Lida Gustava Heymann, Weiblicher Pazifismus (1917/1922) in: Frauen gegen den Krieg, Frankfurt/M. 1980, S. 65ff
10 Claire Goll, Die Frauen erwachen (1918), in: Frauen gegen den Krieg, a.a.O., S. 58–63, hier: S. 60
11 Christa Wolf, Voraussetzungen einer Erzählung: Kassandra, Darmstadt [2]1983, S. 8

12 a.a.O., Umschlagseite
13 Vgl. Kapitel II d.U.
14 Lea Fleischmann, Dies ist nicht mein Land, Hamburg 1979
15 Die Frau in Familie, Kirche und Gesellschaft – eine Studie, vorgel. v. einem Ausschuß der Evangelischen Kirche in Deutschland, Gütersloh, 1979, S. 13
16 »Israel Nachrichten« vom 5. 12. 83
17 Helga Sorge, Die Versuchung der Tochter Gottes, in: Walter Jens, Assoziationen und Gedanken zu biblischen Texten, Bd. I, Stuttgart, 1978, S. 62–65
18 Jürgen Habermas, Zur Rekonstruktion des Historischen Materialismus, Frankfurt/M. 1976
19 Dies hat sich als Grundproblem der Studenten- wie der Frauenbewegung erwiesen!
20 Volker Elis Pilgrim, Manifest für den freien Mann, Hamburg 1983, S. 159
21 Erschütternde Beispiele zum Problem des weiblichen Masochismus in: Nachrichten aus dem Ghetto Liebe – Gewalt gegen Frauen, hg. Frauenhaus Köln, 1980
21a Edith Kramer, »Widerspennige« Frauen und ihre Unterdrückung – »vergessene« Aspekte der Geschichte der Beginen-Bewegung im späten Mittelalter, Kassel 1983 (Examensarbeit)
22 Vgl. Der Verbotene Friede – Die Bergpredigt in Ost und West, hg. v. Wolfgang Erk, Stuttgart 1982
23 Hanna Wolff, Neuer Wein – Alte Schläuche? – Das Identitätsproblem des Christentums im Lichte der Tiefenpsychologie, Stuttgart 1981
23a Urs Winter, Frau und Göttin – Exegetische und ikonografische Studien zum AT, Göttingen 1983
24 Paul Feyerabend, Wider den Methodenzwang, Frankfurt ^{2}1983, S. 21ff
25 a.a.O., S. 39
26 a.a.O., S. 387
27 a.a.O., S. 385
28 Vgl. Catharina Halkes, Feminismus und Theologie in: Wenn Frauen ans Wort kommen, Kampen ^{2}1978, S. 150ff
29 Georges Casalis, Die richtigen Ideen fallen nicht vom Himmel, Stuttgart, 1980
30 a.a.O., S. 202
31 Dorothee Sölle, Gott und ihre Freunde, in: Feminismus – Inspektion der Herrenkultur, Ein Handbuch, hg. v. Luise Pusch, Frankfurt/M. 1983, S. 196ff
32 a.a.O., S. 197
33 Jürgen Moltmann, Ich glaube an Gott, den Vater in: Evangelische Theologie, 5/1983, S. 397
34 Frei nach einem tschechischen Dichter

Kapitel II

1 Helga Sorge, »... er aber soll nicht Dein Herr sein«, in: forum religion Kreuz Verlag Stuttgart, 3/81, S. 12–28
1a Vgl. die überzeugende Kritik von Hanna Wolff, a.a.O., und die gleichgeartete Kritik von Alice Miller in: Du sollst nicht merken, Frankfurt/M. 1982

2 Pagels, Versuchung, a.a.O., S. 32ff
3 Kempis, Nachfolge, a.a.O., S. 121
4 Vgl. Helga Sorge, Wer leiden will, muß lieben. Feministische Gedanken über die Liebe in der christlichen Vorstellung vom Gekreuzigten Gott, in: Feministische Studien 1/83, S. 54–69
5 Vgl. Pagels, a.a.O.
6 Popkes zitiert bei Jürgen Moltmann, Der Gekreuzigte Gott, München 1972, S. 178f (1983 wieder erschienen)
7 Helmut Gollwitzer, Jesu Tod und Auferstehung, München o.J., S. 58
8 James Hillmann, Verrat, in: Analytische Psychologie 10 (1979), S. 94
9 Klaus Theweleit, Männerphantasien, 1978, Bd. I, S. 377
10 Catharina Halkes, Feministische Theologie I, II, III in: Wenn Frauen ans Wort kommen, a.a.O., S. 14–18; 23–28; 33–37
11 Elisabeth Moltmann-Wendel, Feministische Theologie, Feministische Werkstatt Bad Boll, 1981, S. 22–27, hier: S. 25
12 Halkes, Feministische Theologie I, a.a.O., S. 17
13 a.a.O., S. 17
14 Moltmann-Wendel, Feministische Theologie, a.a.O., S. 25
15 Vgl. z.B. Helen Schüngel-Straumann, die in Übereinstimmung mit A.H.J. Gunneweg die These von der »friedlichen Eroberung« vertritt, in: Frauen im AT, in: der evangelische erzieher, 6/82, S. 496ff
16 Vgl. Marga Monheim-Geffert, Die Erlösung der Großen Mutter, in: Schlangenbrut, Nr. 4, Februar 1984, S. 20–22 und Urs Winter, a. a. O.
17 Vgl. Schüngel-Straumann a.a.O., Göttner-Abendroth, Die Göttin und ihr Heros, a.a.O., u.a.
18 Vgl. Erich Neumann, Zur Ursprungsgeschichte des Bewußtseins, Olten, 1968
19 Wilhelm Rudolph, Jeremia, Göttingen ^{3}1968, S. 262
20 Hartmut Schmökel, Heilige Hochzeit und Hohes Lied, Wiesbaden 1956 und Barbara Wolff (Stötzer), Das Hohe Lied in feministischer Sicht, Examensarbeit, Kassel 1984
20a Von Jahu, die Taube, das Eros-Symbol der Schöpfungsgöttin Inanna. Diesen Name usurpierten die Anhänger des Jahwe-Kults für ihren Gott, aus Jahu wurde Jahwe (vgl. Göttner-Abendroth, Die Göttin und ihr Heros, a.a.O., S. 127)
21 Schmökel, a.a.O., S. 77 22 a.a.O., S. 80
23 a.a.O., S. 87
24 Mit dem Thema: »LUTHER – Würden Sie diesen Mann heiraten?« im Sommersemester 1983 an der GhKassel
25 Vgl. Elaine Pagels, Versuchung durch Erkenntnis, a.a.O.
26 a.a.O., S. 104 27 a.a.O., S. 104
28 a.a.O., S. 104 29 a.a.O., S. 106
30 a.a.O., S. 106 31 a.a.O., S. 98
32 a.a.O., S. 9ff 33 a.a.O., S. 48ff
34 Vgl. dazu Göttner-Abendroth, Die Göttin und ihr Heros, a.a.O.
35 Judith Jannberg, Ich bin eine Hexe, Verlag »Die Maus«, Bonn 1983
36 Jannberg, a.a.O., S. 132ff
37 Kurt Lüthi, Gottes Neue Eva, Stuttgart 1980

38 Vgl. zur Kritik: Elga Sorge, Weibliche Identität oder patriarchale Weiblichkeit? in: Festschrift für Siegfried Vierzig, religion heute, H. 3/4, S. 168–175
39 Carol Gilligan, Stimme, a.a.O. 40 a.a.O., S. 23
41 a.a.O., S. 16 42 a.a.O., S. 94 43 a.a.O., S. 85
44 Die Heilige Schrift von N.H. TUR-SINAI, Jerusalem 1954
45 Die Rede des Häuptlings Seattle [...] im Jahre 1855, Wir sind ein Teil der Erde, Olten o. J.
46 George Bataille, Die Höhlenbilder von Lascaux – oder Die Geburt der Kunst, Genf 1983, S. 126
47 Vgl. zum Folgenden: Heide Göttner-Abendroth, Die Göttin und ihr Heros, a.a.O.
48 Jürgen Habermas, Können komplexe Gesellschaften eine vernünftige Identität ausbilden? (1974) in: Zur Rekonstruktion des Historischen Materialismus, a.a.O., S. 98
49 Rainer Döbert, Zur Logik des Übergangs von archaischen zu hochkulturellen Religionssystemen, Frankfurt/M. 1973, in: Seminar: Die Entstehung von Klassengesellschaften, hg. v. Klaus Eder, Frankfurt/M. 1973, S. 330ff
50 Göttner-Abendroth, Heros, a.a.O.
51 dieselbe: Du Gaia bist ich, in: informationen zum ru 3/81, Hannover, S. 12–17
52 a.a.O., S. 16 53 a.a.O., S. 16
54 a.a.O., S. 17
55 Marianne Wex, »Weibliche« und »männliche« Körpersprache als Folge patriarchalischer Machtverhältnisse, Frankfurt/M. ²1980
56 Vgl. Schmökel, Heilige Hochzeit, a.a.O.
57 Mary Daly, Jenseits von Gottvater, Sohn & Co, München 1980
58 Hanna Wolff, Jesus der Mann, Stuttgart 1975
59 Carl Gustav Jung, Die Beziehungen zwischen dem Ich und dem Unbewußten, Olten 1971, S. 91
60 a.a.O., S. 100 61 a.a.O., S. 104
62 a.a.O., S. 109 63 a.a.O., S. 103
64 a.a.O., S. 102 65 a.a.O., S. 104
66 Carl Gustav Jung, Die Archetypen und das Unbewußte, Olten ³1978 Ges. Werke Bd. IX, S. 110
66a a.a.O., S. 42 67 a.a.O., S. 36 68 a.a.O., S. 35
69 a.a.O., S. 40 70 a.a.O., S. 37 71 a.a.O., S. 40
72 a.a.O., S. 37 73 a.a.O., S. 111f 74 a.a.O., S. 39
75 a.a.O., S. 112

Kapitel III

1 Vgl. z.B. Ewald Roellenbleck, Magna Mater im AT, Darmstadt 1949, S. 15ff
2 Meister Eckhart, Deutsche Predigten und Traktate, München 1979, S. 66
3 Göttner-Abendroth, Du Gaia bist ich, a.a.O., S. 17
4 Meister Eckhart, Predigten und Traktate, a.a.O., S. 66

5 a.a.O., S. 68 6 a.a.O., S. 163

7 Meister Eckhart, Laß Gott in dir wirken – Gedanken für jeden Tag, Kevelaer 1977, S. 113: »Mir kam der Gedanke gestern abend: Gottes Höhe liege an meiner Niedrigkeit: wo ich mich erniedrigte, da würde Gott erhöht.«

8 Abaelard, Die Leidensgeschichte und der Briefwechsel mit Héloïsa, Heidelberg 1979

9 Martin Luther, Ausgewählte Werke, hg. H.H. Borchert, Bd. VI München ^{3}1958, S. 48

10 Die Kabbala – Einführung in die jüdische Geheimlehre, Wiesbaden ^{3}1982, S. 16

10a Die Kabbala, a.a.O., S. 139

11 a.a.O., S. 139

12 Adrienne Rich, Frauen und Ehre – Einige Gedanken über das Lügen, in: Macht und Sinnlichkeit, hg. v. Dagmar Shultz, Berlin 1983, S. 178

13 Audre Lorde, Vom Nutzen der Erotik – Erotik als Macht, in: Macht und Sinnlichkeit, a.a.O., S. 187

14 Leo Kofler, Der asketische Eros, Wien 1967, S. 15

15 Lorde, a.a.O., S. 191

16 Felix Christ, Jesus Sophia, Theologischer Verlag, Zürich 1970

17 Walter Bauer, Wörterbuch zum NT, Berlin 1958, S. 1677

18 Helga Sorge, Assoziation zu 1. Kor. 15, 19–28, in: Walter Jens, a.a.O., Bd. VII

19 Die nachfolgenden Texte entstanden im Anschluß an das bereits erwähnte LUTHER-Seminar 1983 an der GHKassel

20 Hannah Albrecht in: forum religion 3/83, S. 25

21 Barbara Stötzer, a.a.O., S. 26

22 Elga Sorge, Weibliche Identität, a.a.O., S. 27

23 Text von Elke Bockhorst, Claudia Seiler und Renate Thöle (Kassel)

24 Erstentwurf zu diesem Text von Agnes Geck, Doris Möbus, Elga Sorge und Inge Walczyk (Kassel)

Kapitel IV

1 Kate Millett, Sexus und Herrschaft, München 1971, S. 74

2 a.a.O., S. 74

3 Elisabeth Moltmann-Wendel, in: Auf der Suche nach einer feministischen Theologie, epd, 1979

4 Phyllis Trible, Gegen das patriarchalische Prinzip in Bibelinterpretationen, in: Frauenbefreiung, hg. v. Elisabeth Moltmann-Wendel, München ^{2}1978, S. 93–132

5 Erich Auerbach, Mimesis, München ^{3}1964, S. 140

6 psychologie heute, H. 2, Februar 1979

7 Frank Crüsemann ... er aber soll dein Herr sein – Die Frau in der patriarchalischen Welt des AT, in: Als Mann und Frau geschaffen, Exegetische Studien zur Rolle der Frau, Gelnhausen/Berlin 1978, S. 13ff, hier: S. 74

8 Michel Clévenot, So kennen wir die Bibel nicht, München ^{2}1980

9 So sozialhistorisch besonders engagierte Feministinnen auf dem Symposion Feministischer Theologinnen 1982 in der Evangelischen Akademie Hofgeismar.
10 Claude Lévi-Strauss, Anthropologie structurale, Bd. I, S. 230 ff, Plon 1958
10a Robert von Ranke-Graves, Die weiße Göttin – Sprache des Mythos, Berlin 1981, S. 12
11 Gerhard von Rad, ATD, 1. Buch Mose, Göttingen 1972, S. 9
12 Phyllis Trible, a.a.O., S. 106
13 Vgl. Georges Casalis, »Die richtigen Ideen fallen nicht vom Himmel«, a.a.O., und Michel Clévenot, »So kennen wir die Bibel nicht«, a.a.O.
14 Vgl. Richard Fester, Was Schöpfungsgeschichten verraten, in: Richard Fester u.a., Weib und Macht, Frankfurt 1979, S. 38
15 Georges Casalis, a.a.O., S. 104
16 Claire Goll, Ich verzeihe keinem, Frankfurt/M. 1980, S. 5
17 Richard Fester, a.a.O.
18 Josefine Schreier, Göttinnen, München 1978, und Heide Göttner-Abendroth, Matriarchale Mythologie und Ästhetik, in: Ästhetik und Kommunikation, 1978, Sonderheft
19 So z.B. Elisabeth Gould-Davis, Am Anfang war die Frau, München 1977, und Richard Fester u.a., a.a.O., Ernest Bornemann, a.a.O., u.a.m.
20 Vgl. Roellenbleck, a.a.O., und Kapitel V d. U.
21 G. von Rad, ATD, Göttingen [9]1972, S. 61 22 von Rad, a.a.O., S. 62
23 Claus Westermann, Kommentare zum AT, Bd. I/1, 1974, S. 333
24 Vgl. R. Fester, a.a.O., und Heide Göttner-Abendroth, Die Göttin und ihr Heros, a.a.O.
25 Vgl. Josefine Schreier, Göttinnen, a.a.O.
26 Ernst Bloch, Atheismus im Christentum, Frankfurt/M. 1967, S. 232
27 Erich Neumann, Die Große Mutter, Olten [3]1978
28 Neumann, a.a.O., S. 56; 29 Neumann, a.a.O., S. 59
30 Annemarie Droß, König Ö., in: Die Eule, Wuppertal 3/80, S. 159
31 Horst Eberhard Richter, Der Gotteskomplex – die Geburt und die Krise des Glaubens an die Allmacht des Menschen, Hamburg 1979
32 Mary Daly, Gottvater, a.a.O.
32a Klaus Theweleit, Männerphantasien, a.a.O.
33 Adolf Holl, Jesus in schlechter Gesellschaft, München [2]1971
34 Vgl. Catharina Halkes, Gott hat nicht nur starke Söhne, Gütersloh 1980 und Elga Sorge, Maria – unerotische Jungfrau oder Liebesgöttin? (Vortrag auf dem Katholikentag 1984) in: RADIUS-Almanach, Stuttgart 1984, S. 107–120
35 Vgl. H. E. Richter, F. Capra, I. Illich, R. Garaudy u.a.
36 Frederico Fellini, Die Stadt der Frauen, Frankfurt/M. 1980, S. 23

Kapitel V

1 Vgl. Kapitel II d.U. und Göttner-Abendroth, Erato – Strophen der Liebe, in: Feministische Studien Weinheim 1/83, S. 14–25
2 Siegfried Vierzig, Das Böse, Stuttgart 1983, S. 111